金德建著

古籍叢考

中華書局印行

自序

本書所集論文，凡二十一篇。皆余歷年所作，關於古籍源流方面考證之文字。近工作之暇，重行檢閱一過。覺所研究雖創見無多，而每篇樹義，尚具條貫，不爲輕易立說。遂編訂以成本集。惟所論及，不止一書，而每書又往往僅取一二要端，加以考辨，未暇張皇。尚希讀者不吝指教，是幸。

金德建自序。

古籍叢考目錄

自序

古籍叢考

一　論語名稱起源於孔安國考

史記仲尼弟子列傳說：『論言弟子籍出孔氏古文，近是。余以弟子名姓文字，悉取論語弟子問，幷次爲篇，疑者闕焉。』所謂『論言弟子籍』『論語弟子問』，是同一之書的異稱，原來都指論語。漢書藝文志說：『論語者，孔子應答弟子時人及弟子相與言而接聞於夫子之語也。當時弟子各有所記，夫子既卒，門人相與輯而論纂，故謂之論語。』論語記孔子言語，所以史記中可以稱爲『論語』或『論言』。至於書名上又加『弟子籍』『弟子問』的稱法，就因爲這些言語的內容是『孔子應答弟子時人及弟子相與言』，故云『弟子問』；而記錄編纂者亦出於弟子門人，故又可云『弟子籍』。並且史記說『出孔氏古文』，漢志說『論語古二十一篇出孔子壁中』，這也相合。史記封禪書又曰：『傳曰三年不爲禮，禮必廢；三年不爲樂，樂必壞。』引論語陽貨篇辭而又稱傳。各處稱法顯然不一致，這是因爲論語二字名稱原來出於孔安國所定的。論衡正說篇說：

說論者皆知說文解語而已；宣帝下太常博士時，尚稱書難曉，名之曰傳；後更隸寫以傳誦。初孔子孫孔安國，以敎魯人扶卿，始曰論語。

據此，最初只稱『論』，如云齊論、魯論、古論，尚係沿襲舊名。宣帝時稱『傳曰』，蓋別於經而言，非書名也。但亦非始於宣帝如史記封禪書引論語已稱『傳曰；』其後揚子法言孝至篇引論語，稱『吾聞諸傳，』漢書外戚傳引『傳曰以約失之者鮮，』語實出於論語里仁篇，皆其例證。至於論語一名的產生，雖始於孔安國一時亦未普遍流行後以經生傳授，都用這個名稱，纔把論語名稱確定了。本來有幾種經書名稱，都是武帝時規定的如尚書則劉向別錄說『尚書直言也始歐陽氏先君名之。』初稱『書，』至歐陽氏始加『尚書』之稱。詩經未另定名稱歷來就只稱一個『詩』字。所以史記中稱論語命名上不一律乃因孔安國始定名論語其時尚未普遍流行之故

二　兩漢論語今古文源流考

漢代論語版本有三。漢書藝文志六藝略論語類說：

古二十一篇（出孔子壁中兩子張。如淳曰『分堯曰篇後子張問何如可以從政以下爲篇名曰從政。』）

齊二十二篇（多問王、知道。如淳曰『多問王、知道皆篇名也。』）

魯二十篇。

一、齊魯論　漢志稱齊論云『多問王、知道。』何晏論語集解序也說：『齊論語二十二篇，其二十篇中章句頗多於魯論。』據此、齊魯論的不同，乃是齊論的內容比較魯論爲多；篇章章句有增多，而齊、魯相同諸篇諸章的文字上，仍舊無異。至於古論與魯論相比較，文字上完全不同，一種是古文本一種是今文本；論到內容篇章多少倒是完全相等的。名義上魯論二十篇，古論二十一篇，實者古論是將二十篇中堯曰篇後另分一篇，纔生出二十一篇的。所以魯、古內容是相等的，獨有齊論特別多出二篇。

漢志謂齊論『多問王、知道，』王應麟云：『問王疑當作問玉。』（漢書藝文志考證）按說文玉部：

瑮字下引逸論語：『玉粲之璱兮其瑮猛也。』

瑩字下引逸論語『如玉之瑩。』

這二條當卽問玉篇遺文。知道篇則已不可考見。（馬國翰據王制正義輯得齊論知道篇一條；問玉篇尙有初學記、文選注、太平御覽所引數條）說文謂之逸論語，猶如漢代儀禮之外稱爲逸禮，二十九篇尙書之外稱爲逸書者相同。

齊論何以會多出二篇？大概漢初論語原只有二十篇，後人另外加上二篇而成齊論。論語的篇幅也同其他古書一樣，常被後人增益。最初在孔門弟子時是幾篇，雖不得確知，但是據崔述的考證，二十篇中的末五篇是戰國時人所加。如是漸漸的再由二十篇而增至二十二篇，也未始不在意料之中。論語的情形，跟孟子彷彿。孟子的篇數，司馬遷所見只有七篇（孟子荀卿列傳），到了漢志便有十一篇。這就是自司馬遷至班固期間被增四篇。幸而孟子到趙岐手裏，把外書四篇刪去，後世不傳；論語也幸而到了張禹手裏，從魯論二十篇爲定，不用齊論問王、知道二篇，僞書後世不傳。

張侯論的確是魯論原本。但經典釋文敍錄却說：

> 張禹受魯論於夏侯建，又從庸生、王吉受齊論，擇善而從，號曰張侯論，最後而行於漢世。

後人贊成釋文之說者，如臧琳經義雜記說：

> 據此則張侯論已不全爲魯論；厥後包、周所注，列於學官者，皆是本也。鄭康成就包、周之本，以齊論、古論校正之，凡五十事；則鄭本論語又參合古、齊、魯三書定之，非張、包、周之舊矣。（經解本卷一百九十五論語今文古文條）

通常對於張侯論和鄭本的觀察，大都和臧氏相同。實者此種觀察都是差誤。鄭本留在後面再論。對於張侯論觀察的差誤，是因爲釋文所說『擇善而從』的話，根本已靠不住。我們看：

一 何晏論語集解序說：『張禹本受魯論，兼講齊說，善者從之，號曰張侯論。』釋文的話原是根據這集解序而來，其實集解序所說『從之』乃是『兼講齊說善者從之』，只從齊論的『經說』，並不是齊論的篇章文字。

二　漢志說：『傳齊論者，昌邑中尉王吉、少府宋畸、御史大夫貢禹、尚書令五鹿充宗、膠東庸生，唯王陽名家。傳魯論者，常山都尉龔奮、長信少府夏侯勝、丞相韋賢、魯扶卿、前將軍蕭望之、安昌侯張禹皆名家。張氏最後而行於世。』漢志把傳齊論的人與傳魯論的人，很明白底分成兩派。其中張禹明明是傳魯論，跟齊論無涉。這是最強的確證。班固時距張禹尚不遠，班說當屬可信，不是魏何晏、唐陸德明可比。

三　張侯論最後而行於世。鄭康成注的就是用張侯本子。考鄭注中只有所謂『魯讀某爲某，今從古，』從沒有說起過齊論；於此可知鄭康成僅以古論來校正原本魯論，未曾運用齊論；並不如集解序所說『就魯論篇章，考之齊古。』如是，他的原本是魯論，不是齊論，即可證明張侯論是魯論而非齊論。

知道了張侯論之爲魯論，則我們因此還可以明瞭：齊論雖多二篇，也曾曇花一現的顯過一時，終究影響是沒有的，通行的本子，仍舊只有魯論。

二　古論　齊、魯論是漢代流傳過的，而古論顯於世則爲後起。古論與魯論不同，是在文字同異上，桓譚新論說：『文異者四百餘字。』後來東漢馬融纔把古論校定行世（別詳拙著經今古文字考）所以古、魯二論文字上儘有不同，篇幅是不會不等。

鄭康成就是根據古論來校正他的原本張侯論的文字。經典釋文說：『鄭本以齊、古改正凡五十事。』這五十事是那幾字？照理在鄭注裏應該說及，可惜今傳本是何晏集解本；集解采諸家之說，鄭注只居其一；凡鄭氏說及改正魯、古相異的注解，都不采在集解裏面。

關於這些文字相異，陸德明經典釋文雖後於何晏集解，却供給我們不少材料。唐代鄭注論語想來還沒有完全亡佚；不但告訴我們鄭注改的有五十事的數目，幷且還告訴我們改的是那幾字。清人徐養原曾將這些抄出疏證而著論語魯讀考。不過徐氏的工作，尚未盡善。因爲：

一　沒有分出今古文。有些字都用假借或聲音相近來講通，其實魯、古不同，性質上只是今文古文的關係而已。

二　徐氏搜集得不完全。只把釋文『魯讀某爲某，今從古』等二十三句當作魯、古不同，不知釋文上的『鄭作某』，也指魯、古不同。所謂『鄭作某』者，原卽鄭玄之另據古論文字。這點不明瞭，不始於徐氏，歷來皆然。如毛奇齡四書賸言也說：『釋文可見者二十三事，皆從古也。其從齊當有二十七事，不可考。或陸時齊論已缺耶。』說鄭氏曾從齊論，已誤；而從古之可考見者，實際亦不止此二十三事。把釋文上的『鄭作某』和『魯讀某爲某，今從古』的二十三事合併起來計算，剛巧也有五十條左右。如是可知釋文所云『五十事』者，必定就是指這五十條了。

陸德明時，通行論語是何晏本。陸云『鄭作某』者，何以知其必爲鄭據古論？我們是可以證明的。如：

見冕　鄭本作弁

按『絻衣裳者』條下鄭云：『魯讀弁爲絻，今從古。』則知作『冕』卽『絻』字（說文『冕』爲『絻』之或體）爲魯論，作『弁』字者爲古論。又如：

齊人歸　鄭作饋

按『詠而歸』『歸孔子豚』條鄭云：『饋魯讀爲歸，今從古。』則知作『歸』字者魯論，作『饋』字者爲古論。

如是，何晏本文字已不盡同鄭本；而陸德明記鄭玄改從古論的五十事要用兩種筆法者，原因是鄭、何二本文字若同，可以照錄鄭注『魯讀某爲某今從古』之語，而文字若異，就不能不改稱『鄭作某』了。

新論說古、魯文異者四百餘字，但不同之處必定不到四百事。如學而篇：

子曰：『父在觀其志，父沒觀其行，三年無改於父之道，可謂孝矣。』釋文引鄭注：『古皆無此章。』

這一章共二十四字。堯曰篇亦有一章爲古論所無，字數也多。合其他每一事不止一字者共計，單就釋文所云五十事，字數已在一百以上。所以古、魯文異的四百字，實計必不滿四百事。除了五十餘事，我們已知外，其餘只能從兩漢各書中所引異文以資推考。因爲漢人所引的也大都是魯論。

總上所述，可列表明之如下：

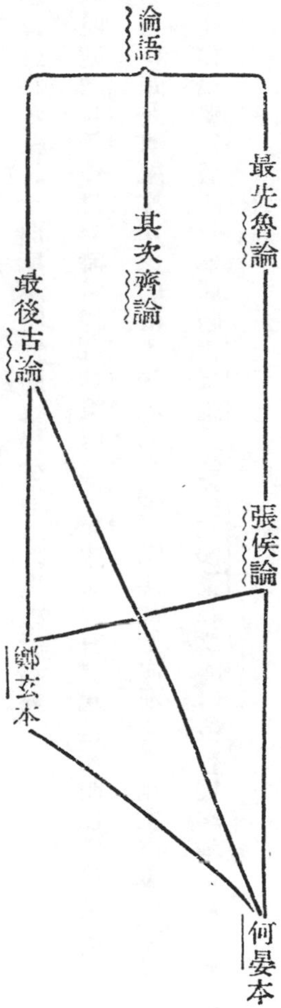

三　戰國策作者之推測

戰國策的作者是誰？一向所不明瞭的，也很少有人提出來討論過。

班固說起司馬遷作史記時曾採戰國策，但是史記中却沒有提起過所謂戰國策的名目。史記中記了許多司馬遷所見過的書，何況這是曾經採用過的呢！不過戰國策的名稱屬於劉向所定（見劉向戰國策序，）在較前的史記時候，當然還沒有產生。如是便得發生一個問題：司馬遷見過的戰國策，在當時叫做什麼名稱？依我的假設，即蒯通書。

一

先從史記看起。史記田儋列傳說：

甚矣，蒯通之謀亂齊驕淮陰，其卒亡此二人。蒯通者，善爲長短說，論戰國之權變，爲八十一首。

劉向以前的戰國策本來還沒有定出確當的名稱，現在史記這段話中蒯通著書是有的，有沒有定出書的名稱也還是疑問，司馬遷只是混說蒯通的書有八十一首，說不出書名來，這情形戰國策與蒯通書是符合。後面推測戰國策的作者問題，便用史記這一段話爲出發點。

二

史記田儋列傳說：『蒯通者，善爲長短說。』這『長短說』很可注意。主父偃傳說：『學長短縱橫之術。』漢書張湯傳說：『邊通學長短，』據此可見長短說的內容是講縱橫的術數，蒯通善爲長短說，他無疑的是長短說的整理成書者，而主父假輩乃是後來的『學長短』者。但是再看到漢書張湯傳顏注說：『戰國策名長短書。』所謂『長短書』者，原來就是戰國策的別名，這就可想見戰國策原本是蒯通他們的書了。

三

戰國策的篇數，根據劉校及漢志均屬三十三篇。至於漢志所記蒯通僅止五篇，然而漢志所記主父偃亦有二十八篇。以二十八篇加上了五篇，剛巧也是三十三篇。蒯通主父偃與戰國策的關係既如前述，而他們的著書的篇數加起來竟然又與戰國策的篇數相等，這篇數的符合，更足以使我們相信蒯通主父偃的書原即是戰國策無疑。漢志上蒯通主父偃二家的書並不曾亡逸，實際就是一部戰國策在漢代有時候分析為二書。

戰國策的著者原來不止一人。劉向序說：『書本號，或曰國策，或曰國事，或曰短長，或曰事語，或曰長書，或曰修書。』書名如此的不統一，則其著者為非一人可知。大概蒯通先成五篇，而其餘二十八篇主父偃續說，不定還不止主父偃一人。總之續的篇數是二十八篇。劉向見了這許多雜亂的書，而內容却都是記戰國縱橫的事情，於是併成一書，號曰戰國策。

至於漢志春秋家已有戰國策三十三篇，而縱橫家復有蒯通主父偃者，這重複並不足為蒯子等不是戰國策之證，因為漢志的體裁本有這互著的一例（章實齋說），可以彼此著錄的。春秋家是劉向定本新的戰國策，而縱橫家的蒯子等乃是未定以前的舊戰國策。

四

史記稱別種的書的數目都稱幾『篇』或幾『章』，獨有蒯通書稱之為八十一首。這首字很可玩味。章或篇指長篇文字，首就不一定長篇，或數十字或多至數百字。八十一首，照我們現在的說法就是八十一小節。這樣稱之為『首，』也與戰國策相符。戰國策的體例確是將許多短節的記事合成的。而且現在的國策有分篇，在當初史記時候還沒有給劉向編定成篇，所以稱之為『首。』

現在的戰國策每篇約有十餘首，蒯通書漢志有五篇，以每篇十餘首計之，則與史記所云蒯通書八十一首亦合。

因為蒯通是長短說的整理者，是戰國策最早一個的著者，所以蒯通的八十一首史記已經見到，而主父偃的書在史記中就沒有說起了。主父偃雖與司馬遷並時，大概著書或為主父偃以後的一派人所著。史記中採用戰國策大約有八九十事（姚寬云：『太史公所採九十三事，內不同者五。』黃丕烈云：『今數之多不合。』）與他僅見的蒯通八十一首的數目相差不多，這也是蒯通書即是戰國策而被史記採取的明證。

五

蒯通，齊國人，所以戰國策中紀事亦以齊為最多。今本三十三篇的分法，雖為劉向所定，但是其中屬於齊國的已經占有六篇，比較各國為最多，這也可看出是齊人蒯通所作，所以紀事偏重於齊國。

六

漢書蒯通傳記載蒯通說徐公，說韓信，說曹相國的幾篇文字，其中文辭的誇誕，好辯以及文法的組織，都與戰國策毫無二致，可知蒯通的才能確也有著戰國策的可能。所以黃東發也說：『蒯通口辯，不在儀秦下。』其實不但儀秦的口辯是出於蒯通所描寫，即全部戰國策也都是蒯通他們所作的。說苑引主父偃曰：『人而無辭，安所用之，昔子產修其辭而趙武致其敬，王孫滿明其言而楚莊以慚。』主父偃也是重言與辯，同蒯通一樣。

七

通常以爲戰國策是先秦書，大約是根據二點：

1. 劉向說過：『戰國時遊士輔所用之國，爲之策謀，宜爲戰國策。』

2. 漢志早已著錄此書，班固且謂史記曾採及之，後人就以爲是很古的書，含含糊糊當他是先秦書了。

此外再想不出什麼別的理由了。卽以這二點論起來也是很有問題的。史記的確曾經採及過戰國策的，然而西漢司馬遷所採及，却並不能就此說戰國策便是先秦書。漢志固然已經著錄戰國策了，然而漢志著錄各書更不是每部都是先秦書。劉向序以爲是戰國策士的戰國策，這句話似乎可爲戰國策是先秦書的根據了。但是劉向却並沒有說出這些策謀游說的紀事卽屬於戰國時候游士親自所記載，所以當作戰國策係先秦書根據是非常薄弱。

秦代焚書的唯一動機，是因爲策士的游說議政（見始皇本紀）假定戰國策是先秦書，那末就內容論，剛巧是燒書的目的所在，當然在必燒之列的。而且燒書的結果，六藝並不曾亡，諸子百家不亡，秦紀不亡，所亡的只有諸侯史記。這戰國策的一宗史料正合所謂諸侯史記，假定牠是先秦書，又要必亡的。所以戰國策既然已經被史記採取，而史記的六國表序又說過：『秦既得意燒天下詩書，諸侯史記尤甚。詩書所以復見者，多藏人家，而史記獨藏周室，以故滅。』可見司馬遷自己口中判定秦代以前的諸侯史記早已都給始皇燒去。那末戰國策必定作於漢代，不會是燒書以前的作品，他無異早已告訴我們了。

戰國策作於秦代以前的理由不能成立，作於秦後的理由照前面說來約略可以確定了。如是，必定是始皇焚書以後所作，卽西曆紀元前二一三年以後所作。

八

但淮南王劉安已及見此書。淮南子要略云：

> 故縱橫修短生焉。

在敘述晏子管子等書中間加了一種縱橫修短，這部縱橫修短必定是指戰國策無疑（淮南子時還沒有戰國策的名稱），『修短』也就是劉向所稱戰國策的別名或曰短長，可見淮南王時已經有戰國策這部書了。如是，規定戰國策的產生時期，是在燒書以後至淮南王安以前的不滿百年之中，在這時期間也只有生當其時的蒯通剛剛不前不後纔有著這部書的可能。他著書固然不會後至淮南王末年那樣晚的時候，大概是在燒書之後不多幾年罷！

以上把戰國策的作者和作期約略估定了。其中一部份司馬遷所採及的，是秦漢之交的蒯通所作；其餘的，是蒯通主父偃以後他們的一派人所作，其作期最後也不得後於劉向。

後記二則

一　趙翼以爲史記中記載蒯通一段係後人竄入之文，他的二十二史札記云：『史記田儋傳贊忽言蒯通辯士著書八十一篇，項羽欲封之而不受，此事與儋何涉而贊及之。』案趙說不確。史公草創史記，體例上本有些未純之處。不涉而贊，其實乃是史記中常見的筆法，不僅田儋傳一處而已。況且田儋等兄弟三人，據史記說是：『賓客慕義而從橫死，豈非至賢，』而蒯通是：『項羽欲封蒯通安期生，而二人終不肯受，』事跡本相近，皆表豪傑之士義節的態度，把蒯通附贊在田儋傳上，也許史公大義所在亦未可知。

二　戰國策高誘注的眞僞也有問題。高誘注書皆有序冠首，而此書無之，此其一。呂氏春秋序曰：『誘正孟子章句，作淮南、孝經解，』語亦不及此書，此其二。畢沅云：『世所傳誘注國策亦非正本，』畢說的根據大概也就在此。

十八年五月草於錫山旅次，二十一年十一月重訂於鷺島。

（本文曾刊二十一年十一月廈門圖書館聲第十一期，又古史辨第六冊。）

附錄一　跋金德建先生戰國策作者之推測

羅根澤

一　牟默人的考訂

我在民十八年秋寫了一篇戰國策作於蒯通考（見古史辨第四冊頁二二九——二三二）二十二年元旦又寫了一篇戰國策作於蒯通考補證（前書頁六九六——六九八），斷定：一、戰國策的作始者是蒯通。二、增補並重編者是劉向。三、唐司馬貞所見是否即劉向重編本不可知，今本則已有了殘闕。後來間接地聽見友人許駿齋先生（維遹）說，淸牟默人氏已有考訂，其結論與余略同。教讀少暇，未遑索閱。稍後金德建先生自廈門圖書館寄示所作戰國策作者之推測，也認爲蒯通是作者之一。這可見歷史上的確證，無論古人今人都可以見得到說得出也。日前函許先生借閱牟氏文，辱承鈔示，謹錄如左：

戰國策中書本號，或曰國策，或曰國事，或曰短長，或曰事語，或曰長書，或曰修書。自劉向校書，始名爲戰國策，除複重得三十三篇。是本書不名戰國策，又不止三十三篇也。史記田儋列傳曰：『蒯通善爲長短說，論戰國之權變，爲八十一首。』漢書蒯通傳亦曰『通論戰國時說士權變，亦自序其說，凡八十一首，號曰雋永。』史記淮陰侯列傳載蒯通以相人說韓信，而索隱以爲漢書及戰國策皆有此文，是則唐時戰國策尚有蒯通說信之說，唐以後人始刪去之也。戰國策而有蒯通之說，疑卽通傳所謂『論戰國權變，亦自序其說』者也。其書號曰雋永，與中書本號長書、修書者亦相似，修長皆永之義也。史記名爲長短說，亦卽中書本號或曰短長者是也。以此言之，戰國策卽蒯通所作八十一首甚明。劉向校中書餘卷，錯亂相糅，因除去四十八首爲三十三篇耳。藝文志縱横家有蒯子五篇，亦通之所作，然非此八十一首之書也。此書以論戰國時事，故繼春秋之後，不入縱横家也。又按劉向校戰國策序錄曰：『其事繼春秋以後，訖漢楚之起，二百四十五年間之事，皆定以殺青，書可繕寫。』然則戰國策有韓信蒯通之事，證驗分明，蓋無可疑。（鈔本雪泥書屋雜志卷之二）

默人名廷相，後更名庭，字陌人，默人其號也。山東棲霞人。清乾隆乙卯（一七九五）科優貢生，官觀城縣訓導。著述甚富，大半是疏辨眞僞、考竟原委之作，許駿齋先生稱其可與鄭樵、朱熹、崔東壁、康南海相伯仲（棲霞牟默人先生著述考，見清華學報第九卷第二期）。此文考辨詳明，識斷卓越，但謂戰國策的三十三篇，是劉向就蒯通的八十一首除去四十八首而成，雖亦可通，而尚有疑問。劉向校書所除去者，大概是複重的篇章。如管子『凡中外書五百六十四，以校除複重四百八十四篇，定著八十六篇』（管子書錄），孫卿書『凡三百二十三篇，以相校除複重二百九十篇，定著三十二篇』（孫卿書錄。）

各書的重複之篇，是鈔藏的重複，不是著作的重複。今論戰國權變的八十一首，既都是蒯通一人所作，當然不會重複，因此劉向也不會大事校除。劉向戰國策書錄云：『所校中戰國策書中書餘卷錯亂相糅莒。又有國別者八篇，少不足。臣向因國別者，略以時次之，分別不以序者以相補，除復重，得三十三篇。』知他所見到的有兩種或兩種以上的本子，一是有國別的八篇，一是中書餘卷錯亂相糅莒的，是否一種或數種不可知。他合起來『以相補除復重得三十三篇，』並沒有將八十一首刪爲三十三篇。古代所謂篇有兩種用法：一是著論之篇，篇中雖有節段，而無另起章首，如墨莊荀韓諸書的各篇是也。二是編輯之篇，篇中包含或相關聯或不相關聯的若干章首，如論孟及諸記事書之所謂篇是也。戰國策的三十三篇，屬於第二種，每篇含十數章首，而蒯通的八十一首想也在內，並非除去四十八首爲三十三篇也。不過現存的戰國策已有殘缺，則八十一首者也未必無佚失，如司馬貞所見戰國策載蒯通說韓信自立，即在八十一首之中（詳戰國策作於蒯通考補證），但今本已經見不到了。

二　戰國策中的縱橫家思想

今案戰國策之非作始於劉向，還有一個證據。劉向是儒家，其戰國策書錄，首言周文武的崇道德，隆禮義，次述春秋時的猶以義相支持，然後始述及戰國的兵革不休，詐僞並起，縱橫短長，左右傾側，故其對戰國的權變之說，雖謂其可以『救急，』終以爲『不可以臨國教化。』但書中則推崇不遺餘力，如秦策一稱贊蘇秦曰：

> 當此之時，天下之大，萬民之衆，王侯之威，謀臣之權，皆欲決蘇秦之策。不費斗糧，未煩一兵，未戰一士，未絕一絃，未折一矢，諸侯相親，賢於兄弟。夫賢人在而天下服，一人用而天下從。故曰：式於政，不式於勇；式於廊廟之內，不式於四境

之外。

齊策三稱贊淳于髡曰：

　　善說者，陳其勢，言其方人之急也，若自在隘窘之中，豈用強力哉？

前者稱說士之功，後者言陳說之方，知作者是縱橫家，決不能出於儒家的劉向。蒯通既善爲長短說，漢志列其書於縱橫家，與此種思想極相脗合。自然此並不足爲作於蒯通之證，但作於蒯通既有各種證據，則此亦一輔證也。

三　辨主父偃不是戰國策的作者

現在要說到金先生的大作了。金先生的援引考辨，都較牟氏尤爲詳明。牟氏說蒯通論戰國權變的八十一首，不即是縱橫家的蒯子五篇，金先生說卽是一書。我原先是同於牟氏的（見戰國策作於蒯通考），後來見到漢書蒯通傳及史記淮陰侯列傳索隱，始知確卽一書（見戰國策作於蒯通考補證）由是改同於金先生了。惟金先生謂戰國策三十三篇，爲蒯子五篇，主父偃二十八篇之合，則未敢苟同。

（一）固然五篇加二十八篇剛好是三十三篇。但戰國策的三十三篇出劉向所釐定，原本是否三十三篇，頗有問題；其有國別者，便止有八篇。『〔劉〕向因國別者，略以時分之，分別不以序者，以相補除復重，』由是『得三十三篇。』蒯子五篇，主父偃二十八篇大約也經過劉向的編校。但假設共爲戰國策的三十三篇，則必須是蒯通所論述的是某幾國之策，主父偃所論述的是別幾國之策，合起來恰是劉向校定的東周策一篇，西周策一篇，秦策五篇，齊策六篇，楚策四篇，趙策四篇，魏策四篇，韓策三篇，燕策三篇，宋衞策一篇，中山策一篇。蒯通所論者，主父偃未論，主父偃所論者，蒯通未論，除非兩個人分工合作，不會這樣巧合。然而蒯通是高帝時人，主父偃是武帝時人，當然不會分工合作。

(二)金先生謂司馬遷作史記所採的戰國策八九十事，都出於蒯通的八十一首，主父偃所續的，司馬遷沒有說起，也沒有採錄。不錯，史記主父偃傳沒有提到主父偃的著作，司馬遷作史記也沒有採及主父偃的書。但蒯通所論止有八十一首，司馬遷能就中採用八九十事（舊說採九十三事，）未免不合情理。且依金先生說，止有五篇是蒯通所作，而史公所採，實在散見各篇，也不相合。

(三)漢書主父偃傳所載主父偃的上書四篇，馬國翰認爲是漢志所載主父偃二十八篇之遺，或者不錯。賈誼傳所載的賈誼上書就是賈誼新書的文章，以彼例此，主父偃傳所載也就是主父偃書的文章，頗合情理。論衡超奇篇說：『徐樂主父偃之策未聞，』其上有『徐樂主父偃上疏，徵拜郎中』云云，知其策是上策之策，不是戰國策之策。如是戰國策之策，則戰國策不止是蒯通主父偃所作，而且有徐樂所作了。史記主父偃傳說偃『學長短縱橫之術，』但止此並不足爲主父偃作戰國策之證。張湯傳也說：『邊通學短長，』我們能說邊通也作戰國策嗎？至蒯通之知爲戰國策作始者，不止是因爲『善爲長短說，』而且基於他曾『論戰國權變爲八十一首』也。

依據上述三證，我認爲主父偃並不是戰國策的作者，他的二十八篇書並不是戰國策的一部份。

四　劉向補入戰國策的材料

不過假設主父偃二十八篇，不是戰國策的一部份，問題便又來了。戰國策三十三篇共三百零四首（首數之分，各本不甚一致，但所差無幾。）據索隱，蒯通說韓信語也載在戰國策中，今本不見，知已有殘闕（詳戰國策作於蒯通考補證。）

果爾，原本不止三百零四首了。蒯通所作止有八十一首，相去遠甚。所以我據戰國策書錄，說劉向不惟重編，且有增補（同上）金先生所以將主父偃二十八篇拉入者，大概也是爲了彌補這個缺陷。依前邊的考證，知主父偃與戰國策無關，那麼劉向所據補的材料出於何書，又成爲問題。雖以書闕有間，截至現在還找不到圓滿的解答。但漢志載蘇子三十一篇，張子十篇，龐煖二篇，……固然其書久佚，末由取案，而以蒯子載蒯通說韓信語，賈誼新書載賈誼奏議例之，蘇張諸書，亦應載蘇張諸人的遊談之說。今戰國策各篇正散載蘇張諸人之遊說甚詳。劉向書錄云：『又有國別者八篇，少不足。臣向因國別者，略以時次之，分別不以序者，以相補除復重，得三十三篇。』或者有國別者是蒯通論戰國權變之說；其無國別者，乃指蘇張諸人之書。（蘇張諸人的遊談之說，蓋皆零篇散記，所謂蘇子三十一篇，張子十篇者，疑出門下士或後人編集。）蘇張諸人之書，以人爲單位，所以不按國度分篇。其內容也都是戰國的權變之說，所以劉向據以補入戰國策，也未可知。不過一時找不到確證，所以未敢遽然斷定，記此以待後日博考。

（本文採自古史辨第六冊）

附錄二　戰國策作於蒯通考

羅根澤

戰國策，漢志不著作者。劉向敍錄言：『所校中戰國策書，中書餘卷，錯亂相揉莒。又有國別者八篇，少不足。臣向因國別者，略以時次之，分別不以序者，以相補除復重，得三十三篇。本字多誤脫爲半字，以趙爲肖，以齊爲立，如此字者多。（字，應依一本作類。）中書本號，或曰國策，或曰國事，或曰短長，或曰事語，或曰長書，或曰修書。臣向以爲戰國時游士，輔所用之國，爲之策謀，宜爲戰國策。其事繼春秋以後，迄楚漢之起，二百四十五年間之事，皆定以殺青書，可繕寫。』由是隋志遂謂『劉向錄，』舊唐志更謂『劉向撰，』新唐志更直名『劉向戰國策；』沿誤至今，四庫全書提要猶謂『戰國策乃劉向裒合諸記，併爲一篇，』顧廣圻更謂『戰國策實向一家之學。』

根澤案：劉向敍錄羣書，每曰以校除重復，得若干篇。如於管子曰：『所校讎中管子書三百八十九篇，大中大夫卜圭書二十七篇，射聲校尉立書十一篇，太史書九十六篇，凡中外書五百六十四篇，以校除重復四百八十四篇，定著八十六篇。』（案應餘八十篇。）於孫卿書曰：『所校讎中孫卿書三百二十二篇，以相校除重復二百九十篇，定著三十二篇。』不能謂管子孫卿書爲劉向撰，此所云『因國別者略以時次之，分別不以序者以相補，除重復，得三十三篇，』乃校其篇次；所云『本字多誤脫爲半字，以趙爲肖，以齊爲立，如此字者多，』乃校其訛奪，非董理其故實，潤色其文字，烏得獨於此謂『劉向撰』耶？漢書藝文志六藝略春秋類載戰國策三十三篇，祇言『記春秋後，』未著作者，知劉歆班固舉不以此書爲劉向撰，其非劉向撰明矣。

考史記田儋列傳：『蒯通者，善爲長短說，論戰國權變爲八十一首。』漢志從橫家雖有蒯子，然僅五篇，固非史記所云，疑爲通說韓信等之言。漢志從橫家所列，多作者說時君時人之書，所謂『八十一首』者，史明言『論戰國權變，』則必爲論述戰國權變之書，與戰國策性質全同。又言『通善爲長短說，』而戰國策亦曰短長，曰長書，或曰修書，脩通修，義亦訓長。然則戰國策蓋即蒯通所論述者也。

再考之本書，趙策敍至王翦滅趙；燕策敍至燕滅，高漸離筑擊始皇。滅趙在始皇十八年，滅燕在始皇二十五年，六國表，秦始皇本紀並同。高漸離擊始皇更在燕滅之後。是其書訖秦之統一，劉向謂『訖楚漢之起，』尚不盡合。蒯通生卒年月雖不可考，然史記淮陰侯列傳載韓信下井陘，破趙，蒯通說其擊齊。又載韓信既誅，高祖捕蒯通而復釋之。按高祖本紀，韓信破趙擊齊在漢三年，誅韓信在十一年，則蒯通必爲楚漢時人，適少後戰國策之終。戰國策所記，非一時之事，亦非一人之言，而全書一律，自成一體，知出一人一手之董理潤色。不然，果如四庫提要所謂『裒合諸記併爲一編，』若後世類書總集者然，則其文體必殊。設合左國公穀爲一書，稍通文字者，知其不類也。然則此書既出一人之手，又非劉向之作，史記又有『蒯通論戰國權變爲八十一首』之言，蒯通又善爲長短說，爲縱橫之雄，與戰國策所表現之習性相近，其時代亦恰相銜接，史漢又不謂他人作戰國策，則此書之作始於蒯通，似無疑矣！

顧所以佚作者主名何也？蓋戰國前無私家著作（余別有戰國前無私家著作說；）戰國至漢初，無自己命名之書。以『子』名者無論矣。春秋爲史書通稱，不始孔子，所以墨子明鬼篇有周之春秋，燕之春秋，宋之春秋，齊之春秋。孔子因魯史爲書，故後人亦名之曰春秋。至左氏春秋，虞氏春秋，呂氏春秋，於春秋之上冠以姓氏，亦如墨子，莊子於子上冠以姓氏，皆後人所加以示區別者。論語成書於七十子後學，時在戰國之初，而戰國書引孔子言，無曰論語者；直至漢世，史記仲尼弟子列傳始言『悉取論語弟子問，幷次爲篇，』則命名論語，其時甚晚。國語一書，其名不知昉於何代。史記五帝本紀曰：『予觀春秋、國語。』自序及報任安書曰：『左丘失明，厥有國語。』而於戰國書，則不一見。卽史公之書，今專名史記，而在漢時，則或曰『太史公』（漢書藝文志，）或曰『太史公記，』（漢書楊惲傳，風俗通卷一，卷六。）或曰『太史公書』（漢書宣元六王傳，班彪論略，王充論衡。）或曰『太史記』（風俗通卷二。）知史公之書，亦無自己命名，後人以其爲太史公作，遂漫加此等名耳。蒯通生楚漢之交，『論戰國權變爲八十一首，』當亦無自己命名，後人以其記戰國縱橫短長之說，遂漫名之爲國策，國事，短長，事語，長書，修書；劉向更以爲宜名戰國策。由是作主失傳，遂嫁名劉向，豈不異哉！

難者曰：今戰國策三十三篇，與史記所言『八十一首』不合，安得謂即蒯通所論述？不知此出劉向重訂，篇數固非蒯通之舊。其分三十三篇亦無義據：東西周，中山，各爲一篇；秦五篇；齊六篇；楚、趙、魏各四篇；韓、燕各三篇；宋、衛合爲一篇，各多析數篇亦無不可。劉向校書之時，已有數種本，或多或少，參差錯亂，向據多者補少者，除其重複，於是定著爲三十三篇，正名爲『戰國策，』故此書蓋作始於蒯通，重訂於劉向。書出劉向重訂者多矣，不得因其重訂而謂爲作者。

十九年九月十五日脫稿於河南中山大學，二十年四月二十五日修正於北平寓廬。（本文採自古史辨第四冊）

附錄三　戰國策作於蒯通考補證

羅根澤

本書上編拙撰新序說苑列女傳不作始於劉向考，附有戰國策作於蒯通考一文。近陳寅恪師，劉盼遂兄又爲發現強有力之證佐。以上編已經印訖，末由增入，爲補證於此。

史記淮陰侯列傳詳載蒯通說韓信自立之言，司馬貞索隱謂『案漢書因及戰國策皆有此文。』（因及，以及也。）所謂漢書有此文，即在蒯通傳（漢書卷四十五），無問題。戰國策何以有此文？考漢書蒯通傳曰：『通論戰國時說士權變，亦自序其說，凡八十一首，號曰雋永。』此與戰國策作於蒯通考所引史記田儋列傳言：『蒯通者，善爲長短說，論戰國權變爲八十一首，』大致相同，所不同者：

一、此多『亦自序其說』一句，知通論戰國權變之書，亦兼載自己之說，與索隱謂戰國策亦載通說信言，合而觀之，更可證明戰國策確作於蒯通。然今本戰國策視司馬貞時有殘闕，通說信言已不載，張照覩今本無此文，又不知作始者為蒯通，由是於史記考證謂『按戰國策安得有韓信蒯通之事，索隱誤。』其實非索隱誤，張照誤也。

二、此又多『號曰雋永』四字，依普通文例，宜為蒯通自號其書，果爾，則余前謂當無蒯通自命之名，非是。然蒯通時尚少自命書名之習慣（詳戰國策作於蒯通考）故頗疑為後人所加。『雋永』者何？師古曰『雋，肥肉也；永，長也。言其所論甘美而義深長也。』雋訓肥肉，引申為甘美，是也。永，說文謂『水長也，象水巠理之長。』方言謂『凡施于衆長謂之永。』是永訓長，蓋戰國說士權變之言，實質為所謂長短之說，而巧譬善喻，極為雋美，故曰雋永。劉向戰國策敍錄言『所校中戰國策書，……中書本號或曰國策，或曰國事，或曰短長，或曰事語，或曰長書，或曰修書。』雋永之名與短長、長書、修書之恉相仿，疑其與諸名同為後人因其實以漫名之耳。即為蒯通自命之名，亦必因所論述者為戰國縱橫短長之說，故『號曰雋永』。因一方面因實賦名，重實不重名；一方面當時對書名不似後世『名從主人』之不敢稍有出入，所以他人漫以國策、短長等名稱之。由是『雋永』之原名逸，而後加之雜名顯。班固於蒯通傳載其『號曰雋永，』而藝文志無雋永之書，蓋傳據史料，選錄史料之言；志核以存書，而當時已無雋永之名，不知即所謂國策、所謂短長者也。

抑史記田儋列傳、漢書蒯通傳皆曰八十一首，今本戰國策決不止此。說苑等書經劉向編次，遂有增補（詳新序說苑列女傳不作始於劉向考）此亦經劉向編次，且其敍錄曰『又有國別者八篇，少不足。臣向因國別者，略以時次之，分別不以序者，以相補，除復重，得三十三篇。』其有劉向據他書以增補者，更為明顯。

如以上所考論，不甚背謬，當修正前說，為結論如下：

一、作始者為蒯通。

二、增補並重編者為劉向。

三、司馬貞所見是否即劉向重編本，不可知，今本則有殘闕矣。

二十二，元旦。（本文採自古史辨第四冊）

附錄四　戰國策逸文考（節錄一段）

諸祖耿

齊人蒯通，知天下權在韓信，欲為奇策而感動之，以相人說韓信曰：僕嘗受相人之術。韓信曰：先生相人何如？對曰：貴賤在於骨法，憂喜在於容色，成敗在於決斷，以此參之，萬不失一。韓信曰：善！先生相寡人何如？對曰：願少間。信曰：左右去矣。通曰：相君之面，不過封侯，又危不安；相君之背，貴乃不可言。韓信曰：何謂也？蒯通曰：天下初發難也，俊雄豪傑建號壹呼，天下之士，雲合霧集，魚鱗雜遝，熛至風起。當此之時，憂在亡秦而已。今楚漢分爭，使天下無罪之人肝膽塗地，父子暴骸骨於中野，不可勝數。楚人起彭城，轉鬬逐北，至於滎陽，乘利席卷，威震天下。然兵困於京索之間，迫西山而不能進者，三年於此矣。漢王將數十萬之衆，距鞏雒，阻山河之險，一日數戰，無尺寸之功，折北不救，敗滎陽，傷成皋，遂走宛葉之間，此所謂智勇俱困者也。夫銳氣挫於險塞，而糧食竭於內府，百姓罷極怨望，容容無所倚。以臣料之，其勢非天下之賢聖，固不能息天下之禍。當今兩主之命，懸於足下，足下為漢則漢勝，與楚則楚勝。臣願披腹心，輸肝膽，效愚計，恐足下不能用也。誠能聽臣之計，莫若兩利而俱存之叁分天下，鼎足而居，其勢莫敢先動。夫以足下之賢聖，有甲兵之衆，據彊齊，從燕趙，出空虛之地而制其後，因民之欲，西鄉爲百姓請命，則天下風走而響應矣，孰敢不聽！割大弱彊，以立諸侯，諸侯已立，天下服聽而歸德於齊。案齊之故，有膠泗之地，懷諸侯以德，深拱揖讓，則天下之君王相率而朝於齊矣。蓋聞天與弗取，反受其咎；時至不行，反受其殃。願足下孰慮之！韓信曰：漢王遇我甚厚，載我以其車，衣我以其衣，食我以其食。吾聞之，乘人之車者載人之患，衣人之衣者懷人之憂，食人之食者死人之事，吾豈可以鄉利倍義乎！蒯生曰：足下自以爲善漢王，欲建萬世之業，臣竊以爲誤矣！始常山王成安君爲布衣時，相與爲刎頸之交，後爭張黶陳澤之事，二人相怨。常山王背項王，奉項嬰頭而竄逃，歸於漢王；漢王借兵而東下，殺成安君泜水之南，頭足異處，卒爲天下笑。此二人相與，天下至驩也，然而卒相禽者，何也？患生於多欲，而人心難測也。今足下欲行忠信以交於漢王，必不能固於二君之相與也，而事多大於張黶陳澤，故臣以爲足下必漢王之不危己，亦誤矣！大夫種范蠡，存亡越，霸句踐，立功成名，而身死亡；野獸已盡，而獵狗亨。夫以交友言之，則不如張耳之與成安君者也；以忠信言之，則不過大夫種范蠡之於句踐也。此二人者，足以觀矣。願足下深慮之！且臣聞勇略震主者身危，而功蓋天下者不賞。臣請言大王功略：足下涉西河，虜魏王，禽夏說，引兵下井陘，誅成安君，徇趙，脅燕，定齊，南摧楚人之兵二十萬，東殺龍且，西鄉以報，此所謂功無一於天下，而略不世出者也。今足下戴震主之威，挾不賞之功，歸楚，楚人不信；歸漢，漢人震恐：足下欲持是安歸乎？夫勢在人臣之位，而有震主之威，名高天下，竊爲足下危之！韓信謝曰：先生且休矣，吾將念之。後數日，蒯通復說曰：夫聽者事之候也，計者事之機也；聽過計失而能久安者鮮矣。聽不失一二者，不可亂以言；計不失本末者，不可紛以辭。夫隨廝養之役者，失萬乘之權；守儋石之祿者，闕卿相之位。故知者決之斷也，疑者事之害也，審豪氂之小計，遺天下之大數，智誠知之，決弗敢行者，百事之禍也。故曰：猛虎之猶豫，不若蜂蠆之致螫；騏驥之跼躅，不如駑馬之安步；孟賁之狐疑，不如庸夫之必至也；雖有舜禹之智，吟而不言，不如瘖聾之指麾也。此言貴能行之。夫功者難成而易敗，時者難得而易失也，時乎時乎不再來，願足下詳察之！韓信猶豫不忍背漢，又自以爲功多，漢終不奪我齊，遂謝蒯通。蒯通說不聽，已，詳狂爲巫。

右千二百三十字。史記淮陰侯傳文。索隱曰。按漢書及戰國策皆有此文。

案漢書藝文志縱橫家有蒯通蒯子五篇。王先謙補注引王應麟曰。本傳。論戰國時說士權變。亦自序其說。凡八十一首。號曰雋永。然則此文殆蒯子雋永中語。所謂自序其說者也。其論戰國時說士權變者。馬國翰謂爲不可復見。余謂馬說非也。論者論次義。非論說義。漢書張湯傳。邊通學短長。師古曰。短長術興於六國時。長短其語。隱謬用相激怒也。張晏曰。蘇秦張儀之謀。趣彼爲短。歸此爲長。戰國策名短長術也。主父偃傳。主父偃齊人。學長短縱橫術。服虔曰。蘇秦法百家書說也。（藝文志縱橫家有主父偃二十八篇）考戰國說士權變。蘇張爲首。蒯通所論。當有其文。（蘇秦有蘇子。張儀有張子。魯仲連有魯連子。並見藝文志。蒯通所論。殆取於此）邊通主父偃所學。殆即此也。戰國策本名短長。劉向校書錄序云。中書本號。或曰國策。或曰國事。或曰短長。或曰事語。或曰長書。或曰修書。臣向以爲戰國時游士輔所用之國。爲之莢謀。宜爲戰國策。（向名未當。蒯通鄒陽非戰國時人。其語在書。安得云戰國策哉）劉向所舉六名。國事事語國策。皆依質爲名。長書修書短長。則以趣爲名。修之與雋。長之與永。義並得通。（師古蒯通傳注曰。雋肥肉也。永長也。言其所論甘美而義深長也。今謂修亦肉義）知向所見中書。即蒯通所序。邊通主父偃輩所學者矣。向校書錄序又云。所校中戰國策書。中書餘卷。錯亂相糅莒。又有國別者八篇。少不足。臣向因國別者。略以時次之。分別不以序者。以相補除。復重。得三十三篇。觀向所云。則向之所爲特釐正先後。補除復重而已。其大體固已完具。蒯通之說韓信。鄒陽之答梁王。均在三十三篇之內。唐宋人所引可知也。中書所以復重者。漢初傳縱橫者不一。服虔所謂蘇秦法百家書說。明此百家非泛言諸子。乃傳蘇秦法之百家也。其書容有出入。或此著彼遺。或彼此均錄。是以復重。然其先無不導源於蘇秦。葉適習學記言曰。戰國策國別必列蘇秦縱橫。且載代厲始末。意其宗蘇氏學者所次輯。漢初宗蘇氏學今可知者。蒯通邊通鄒陽主父偃輩是矣。

又史記魯仲連傳云。魯仲連遺燕將書曰。今公行一朝之忿。不顧燕王之無臣。非忠也。殺身亡聊城。而威不信於齊。非勇也。功敗名滅，後世無稱焉。非智也。三者世主不臣。說士不載。然則忠勇智謀之事。魯仲連時說士均載之矣。說士所載在戰國則韓非說林內外儲之屬。後則蒯通之雋永。鄒陽之鄒陽。主父偃之主父偃是也。劉向校書。所見必有出蒯通五篇外者。要之均說士所載也。王士禛不逵說韓策楚圍雍氏。秦宣太后對尚靳。（當作靳尚。說詳校文）淫褻之語一段曰。出於婦人之口。入於使者之耳。載之國史之筆。可謂犬奇。焦袁熹駁之。謂宣太后之行。國人知之。異國人皆知之。當時執管之士。因有此事。故作此言。用相調笑。史家增飾之辭。美惡皆有之。後人或泥其一兩言以議當時之是非得失。其不爲咸邱高叟者幾希。國策非實錄之比。尤不足據。（見此木軒雜著）余謂國策所載。本非國史。乃縱橫家所錄以資揣摩而作談助者。（秦策一。蘇秦發篋陳書。得太公陰祕之謀。伏而誦之。簡練以爲揣摩。今本祕作符。依北堂書鈔改正。揣摩陰祕之謀。以資談說。乃縱橫家傳授祕方。中書六名。其用在此）王士禛謂國史之筆。固非。焦袁熹謂爲史家增飾之辭。亦未諦然。試問秦滅六國。燔詩書。諸侯史記尤甚。設國策爲國史。則已早燬秦火矣。何得流傳中祕耶。

（本文採自章氏國學講習會學報第一號）

四　尸子作者與爾雅

歷來尸子著錄：

漢志雜家尸子二十篇。班注云：『名佼，魯人，秦相商君師之，鞅死，佼逃入蜀。』

隋志尸子二十卷目一卷。注云：『梁十九卷秦相衞鞅上客尸佼撰，其九篇亡，魏黃初中續。』

新舊唐志並有尸子二十卷。

宋志尸子一卷。

隋志的二十卷，應該就是漢志的二十篇。王應麟漢志考證也說過：『二十篇，凡六萬餘言，』則每篇篇幅大約很長，所以能够把一篇來當作一卷。不過隋志的注却又說：『其九篇亡，魏黃初中續，』這一點就不免有問題，亡佚了之後再續，豈不是無異於造僞。隋志二十卷中有目一卷，故注云梁十九卷；十九卷之中再有九篇是亡佚之後所續的，則可信的照理只有十篇。那末漢志的眞本二十篇，到隋志時候亡佚之餘剛剛只剩一半，另一半乃是魏黃初時候的僞物了。雖然這僞的篇名已經無從再稽考，而隋志尸子的眞僞成份，大致可作如此的估定。

隋志尸子中已經有黃初時代僞物，隋志之後恐怕也還有些疑問。唐章懷太子後漢書宦者呂強傳注說：

尸子書二十篇，十九篇陳道德仁義之紀，一篇言九州險阻水泉之所起。

章懷所見的本子，又和隋志所記的兩樣了。隋志尸子的篇幅內容是十九篇之外加上了目一卷，而章懷所見的本子是十九篇之外再加一篇『言九州險阻水泉之所起』，二者不同。這一篇講地形的，說不定又是隋志以後的人所僞增的亦未可知。這一篇的篇目名稱，雖則難以考出來，如果單就呂強傳注所說過『九州險阻水泉之所起』這句話之中的意義而論，則輯本中零星可見的，應卽下列幾則。指九州的，如：

赤縣州者，實爲崑崙之墟，其東則滷水島山，左右蓬萊，玉紅之草生焉，食其一實而醉，臥三百歲而後寤。（汪輯，御覽引）

指水泉的，如：

凡水其方折者有玉，其圓折者有珠，清水有黃金，龍淵有玉英。（汪輯，類聚，御覽，文選注，山海經注，穆天子傳注引）

類此大概都應該原來在所謂講地形這一篇之中的。隋書爲魏徵等貞觀三年奉敕所撰，十年之後乃成，章懷爲高宗太子，上距貞觀不過數十年光景，地形一篇的著作年代，推測起來必定產生在這一個時期間的。後來新舊唐書所記的二十卷，就是這隋志而後章懷所見的眞僞相雜之本。

這眞僞相雜之本的亡佚，大概在宋末。宋鄭樵通志藝文略還有尸子二十卷，則其時尙未亡。至宋末陳直齋書錄解題不記尸子，宋末元初馬端臨文獻通考也沒有，宋末王應麟漢志考證云：『李淑書目存四卷，館閣書目止存二卷，合爲一卷，』可見宋末時的尸子已若存若亡，陳振孫馬端臨輩號爲博洽，已經不及見，王應麟見的也只存一卷。再後托克托撰宋志，尸子著錄僅一卷。但前此歷來各藝文志都把尸子列在雜家，宋志竟把牠列在儒家，可見這一卷中已經不能見尸子的眞相了。

輯佚尸子者有很多家，其中尤以汪繼培輯本比較最完備（在湖海樓叢書。）但是從漢志之後以至宋代，已經有了這許多疑問發生，而且可以發生問題的時間上推考起來最早還遠在漢代，那末所輯得的佚存材料，雖不能說完全不可靠，其中可疑之處却是不免的。

至於漢志以前的尸子是否眞本，仍然還有疑問。因爲尸子中有不少訓詁的成份在內，這絕對不是漢前所應有。漢代注意訓詁學的除了通爾雅的一班古文家之外，便要推西漢時揚雄一派的奇字學家了。奇字淵源於古代西土的文字（另詳拙著漢代今古文字考第三章）揚雄是西土蜀人，根據漢書揚雄傳，他是『不爲章句，訓詁通而已。』他著方言的原因也是爲了要通訓詁。揚雄答劉歆書上說過：

雄少不師章句，亦於五經之訓所不解。嘗聞先代輶軒之使奏籍之書，皆藏於周秦之室；及其破也，遺棄無見之者。獨蜀人有嚴君平，臨邛林閭翁孺，深好訓詁，猶見輶軒之使所奏言。

奏籍之書就是訓詁書，在古代藏於周秦之室，地點屬於西土，在漢代研究訓詁，和揚雄同道研究的是：

嚴君平——蜀人；

林閭翁孺——臨邛人。

蜀人臨邛人也都是西土蜀地的人物。訓詁學與西土既有如此關係，而傳說上尸佼正屬西土人物：

班固說『名佼，魯人，秦相商君師之，鞅死，佼逃入蜀。』

劉向別錄說：『楚有尸子，疑謂其在蜀。』（史記孟子荀卿列傳集解引）

因此尸子書中固然含有很多訓詁學的成份如仁意篇：

燭於玉燭，飲於醴泉，暢於永風。春爲靑陽，夏爲朱明，秋爲白藏，冬爲玄英，四時和正光照，此之謂玉燭。甘雨時降，萬物以嘉，高者不少，下者不多，此之謂醴泉。其風春爲發生，夏爲長嬴，秋爲方盛，冬爲安靜，四時和爲通正，此之謂永風。

（爾雅釋天疏引）

此段與爾雅釋天文字完全相同，宜卽爾雅采自前此尸子。又如廣澤篇：

天帝皇后辟公弘廓宏溥介純夏幠冢晊昄皆大也，十有餘名而實一也。

這種訓詁的文體，與爾雅完全相同。其他如：

大牛爲犉，七尺，大羊爲羬，六尺，犬豕爲豟，五尺。（爾雅釋畜疏引）

五尺大犬爲猶。（顏氏家訓書證篇引）

卵生曰琢，胎生曰乳。（文選東征賦注引）

地中有犬名曰地狼，有人名曰無傷。（搜神記十二引）

木之精氣爲必方。（類聚八十八引）

木之奇靈者爲若。（山海經二注引）

春華秋英，其名曰桂。（初學記三引）

鄭人謂玉未理者爲璞。(文選演連珠注引)

天地四方曰宇，古往今來曰宙。(世說排調篇注引)

日五色，至陽之精，象君德也。(御覽三引)

春爲忠東方爲春，春動也，是故鳥獸孕孳，草木華生，萬物咸遂，忠之至也。夏爲樂，南方爲夏，夏興也，南任也，是故萬物莫不任興，蕃殖充盈，樂之至也。秋爲禮，西方爲秋，秋肅也，萬物莫不肅敬，禮之至也。冬爲信，北方爲冬，冬終也，北伏方也，是故萬物至冬皆伏，貴賤若一，美惡不減，信之至也。(類聚三及御覽二十七引)

虹霓爲析翳。(文選西都賦注引)

彗星爲欃槍。(開元占經五引)

類此屢見不窮，可見訓詁學的成份在尸子中是多麼濃厚，這些在漢前是不會有的。就此可以推測，這一部份的尸子，必定出於西漢時蜀地訓詁家如揚雄林閭翁孺一派之中的人所僞竄也未可知。因了蜀人所竄，而且訓詁學根本是漢代的蜀學，於是在楚人尸子(見史記孟荀列傳)身上，遂致加添了一種傳說，所謂『尸佼逃入蜀』。

此外秦漢時所增加的痕跡，還有幾處可尋，如：

黃帝時公玉帶造合宮明堂。(元和姓纂，通志氏族略引)

根據史記封禪書，乃漢武帝時有濟南人公玉帶上黃帝明堂圖，尸子云『黃帝時公玉帶，』已謬；而其事實發生在武帝時候，則尸子此段的著作時期，必定出於武帝以後無疑。又如勸學篇云：

曾子曰父母愛之喜而不忘，父母惡之，懼而無咎。

明稱曾子曰，其爲引大戴禮記曾子大孝等篇之辭無疑。大戴禮記成書決非在秦、漢以前，則尸子此段作期又當在大戴禮記之後矣。又如：

曾子每讀喪禮，泣下霑襟。（文選恨賦注引）

孺悲學士喪禮於孔子，士喪禮於是乎書，則士喪禮之著竹帛時代亦晚。尸子稱之，又當在其後矣。又如：

穀梁淑字元始，魯人，傳春秋十五卷。（元和姓纂引）

穀梁傳武帝時始出，則尸子此段必出武帝以後。又隱五年穀梁傳引：『尸子曰：舞夏自天子至諸侯，皆用八佾，初獻六羽，始厲樂矣。』此段文同穀梁傳云：『穀梁子曰舞夏天子八佾，諸公六佾，初獻六羽，始僭樂矣。』又桓九年穀梁傳亦引：『尸子曰：夫已多乎道。』義亦同穀梁。凡此尸子穀梁文句相似，皆爲尸子中有一部份漢代所作之疑。此外綽子篇記南風歌辭云：

舜曰『南風之薰兮，可以解吾民之慍兮。』舜不歌禽獸而歌民。

按鄭玄注樂記有云：

南風，長養之風也，以言父母之長養也，其辭未聞也。

鄭云南風歌『其辭未聞』，可見鄭玄時候還只有南風歌名而尚未聞其辭，那末前此的尸子安得記載歌辭。可證尸子這一段能記南風歌辭，則必定出於鄭玄以後無疑。在鄭玄以前的別種書上所載，也都是僅有南風歌之名而未見其辭。例如：

韓非子外儲說左上：『有若曰：昔者舜鼓五絃，歌南風之詩，而天下治。』

韓詩外傳四：『傳曰：舜彈五絃之琴，以歌南風，而天下治。』

淮南子詮言訓：『舜彈五絃之琴，而歌南風之詩，以治天下。』

又泰族訓：『舜爲天子，彈五絃之琴，歌南風之詩，而天下治。』

越絕書十三：『范子曰：舜彈五絃之琴，歌南風之詩，而天下治。』

新語無爲篇：『昔舜治天下也，彈五絃之琴，歌南風之詩。』

風俗通聲音篇：『尙書舜彈五絃之琴，歌南風之詩，而天下治。』

據此，不但鄭玄，連兩漢學者都未聞其辭。這一段尸子的僞作時期，和前面我們所引幾段又有不同，應該很晚，大約魏黃初中所竄入的了。如是，則知王肅的聖證論（見樂記疏引）反引尸子家語以難鄭玄，以爲『鄭云未聞，失其義也』者，亦可知王肅說的無稽，家語僞書固然不足爲證，而尸子此段僞出時間在鄭玄之後，也不足爲憑的。

二十年七月重寫於廈門。（本文曾刊二十二年十月十一月廈門圖書館館聲二卷六七期又古史辨第六冊）

五　淳于髡作王度記考

一　淳于髡有無著書的疑問

史記孟子荀卿列傳說：

自騶衍與齊之稷下先生，如淳于髡、慎到、環淵、接子、田駢、騶奭之徒，各著書言治亂之事，以干世主，豈可勝道哉！……

……淳于髡齊人也，博聞強記，學無所主，其陳說慕晏嬰之爲人也，然而承意觀色爲務。客有見髡於梁惠王，壹語連三日三夜無倦，惠王欲以卿相位待之，髡因謝去，於是送以安車駕駟，束帛加璧，黃金百鎰，終身不仕。……自如淳于髡以下，皆命曰列大夫；爲開第康莊之衢，高門大屋尊寵之。

風俗通義窮通篇說：

齊威宣王之時，聚天下賢士於稷下，尊寵若鄒衍、田駢、淳于髡之屬甚衆，號曰列大夫；皆世所稱，咸著書刺世。

淳于髡曾『著書言治亂之事，』不過他的著書今無傳本；漢書藝文志中也並沒有著錄過。這是什麼緣故？難道淳于髡書早已亡佚在班固以前，漢志遂不及著錄；然司馬遷、應劭俱曾見及，似乎又不應早佚。禮記雜記下正義引：

別錄王度記云『似齊宣王時淳于髡等所說也。』

劉向此說，可以解決我們疑問。王度記係淳于髡所說，就是史遷、應劭當初所見的。因爲漢代公認王度記爲逸禮中的一篇，曲禮疏引王度記稱爲大戴記，續漢書輿服志注引王度記稱爲逸禮，均可證明。六藝略已著錄記百三十一篇及禮古經五十六篇，自然王度記包括在裏面，所以諸子類不另立淳于髡子的名目了。

二　王度記佚文

王度記已佚，散見各書所引，尚有下列幾則可考：

天子冢宰一人，爵祿如天子之大夫。（白虎通爵篇引）

天子諸侯一娶九女。（白虎通嫁娶篇引）

子男三卿，一卿命于天子。（白虎通封公侯篇引）

反之以玦，其不待放者，亦與之物，明有分土，無分民也。（白虎通諫諍篇引）

玉者有象君子之德，燥不輕，溼不重，薄不橈，廉不傷，疵不掩，是以人君寶之。天子之純玉尺有二寸，公、侯九寸，四玉一石也，伯、子、男俱三玉二石也。（白虎通瑞贄篇引，又三禮義宗馬輯本引亦同）

臣致仕于君者，養之以其祿之半，几杖所以扶助衰也。（白虎通致仕篇引）

天子駕六，諸侯與卿駕四，大夫駕三，士駕二，庶人駕一。（詩干旄疏，尚書五子之歌疏，公羊傳隱六年疏引，又續漢書輿服志注引作逸禮王度記）

百戶爲里，里一尹，其祿如庶人在官者。（禮記雜記注引）

天子以鬯，諸侯以薰，大夫以蘭芝，士以蕭，庶人以艾。（周禮鬱人疏，禮記王制疏，白虎通考黜篇引）

大夫俟放於郊，三年得環乃還，得玦以去。（曲禮疏引稱大戴記王度記）

三　王度記釋名

王度記內容所述多屬禮節制度，那末書名叫作王度記，恐怕和禮記王制的意義相合。『度』字訓詁原作制度解釋。說文云『度，法制也』；左傳昭公二十八年云：『心能制義曰度』知『度』有『制』義。大戴記五帝德云：『孔子曰五帝用記，三王用度。』所謂『記』『度』，指五帝三王時制度。莊子天下篇云：『其明而在數度者，舊法世傳之史，尚多有之。』所謂『數度』亦指舊傳治法制度。據此可徵，『王度』實亦『王制』之意。不過王度記內容較單純，佚文所見大都『天子、諸侯、大夫、士、庶人』間禮制，不若王制內容泛論社會制度各方面之廣。

四　淳于髡法治思想

史記滑稽列傳所記淳于髡，僅僅一個滑稽玩世的人物而已，與王度記內容性質嚴正，似不相侔；然而根據淳于髡事蹟，加以辨證，知其作王度記，確有理由。田完世家說：

騶忌子見三月而受相印。淳于髡見之曰：『善說哉，髡有愚志，願陳諸前。』騶忌子曰：『謹受教。』淳于髡曰：『得全全昌，失全全亡。』騶忌子曰：『謹受令，請謹毋離前。』淳于髡曰：『狶膏棘軸，所以為滑也，然而不能運方穿。』騶忌子曰：『謹受令，請謹事左右。』淳于髡曰：『弓膠昔幹，所以為合也，然而不能傅合疏罅。』騶忌子曰：『謹受令，請謹自附於萬民。』淳于髡曰：『狐裘雖弊，不可補以黃狗之皮。』騶忌子曰：『謹受令，請謹擇君子，毋雜小人其間。』淳于髡曰：『大車不較，不能載其常任；琴瑟不較，不能成其五音。』騶忌子曰：『謹受令，請謹修法律，而督姦吏。』

騶忌為齊相，淳于髡往見，二人問答，至最後『謹修法律而督姦吏』，始大家滿意，可見『修法律』一層，確為淳于髡所重覯。

史記滑稽列傳說：

齊威王之時，淳于髡說之以隱曰：『國中有大鳥，止王之庭，三年不蜚，又不鳴，王知此鳥何也？』王曰：『此鳥不飛則已，一飛沖天；不鳴則已，一鳴驚人。』於是乃朝諸縣令長七十二人，賞一人，誅一人，奮兵而出，諸侯振驚，皆還齊侵地，威行三十六年。

淳于髡勸說威王朝諸縣令長，明誅賞；而齊亦因此政治修明，威行三十六年。亦知『修法律』一層，確占淳于髡思想中的重要觀念。無疑古代禮與法本相通，二者界限本極微弱。故知王度記性質嚴正，內容規定階級等次禮節，應出主張法治之淳于髡所作，在思想上原極可能。

五　淳于髡爲齊博士

淳于髡作王度記，還有一層原因。說苑尊賢篇說：『齊王召其羣臣大夫博士，淳于髡。』淳于髡爲博士，素來明瞭古今制度，（班固說：『博士秦官，掌通古今。』）所以他能够作王度記罷！只要看漢代王制，史記封禪書說：『文帝使博士諸生作王制。』王制記古今制度，亦出博士所作，便可明瞭了。

王制淵源多推本孟子，二書相通之處最多。其實王度記所述禮節制度，當亦爲王制今文經說淵源之一。例如王度記云：『天子駕六。』這一條便與今說相符合。五經異義：『易孟京春秋公羊說：天子駕六馬。』而古說卽異，五經異義：『古毛詩說：天子駕四。』由此推測，文帝博士纂集王制，容有淵源博士淳于髡之王度記者，未可知也。惟今王度記已佚，不足以充分考見耳。

六　淳于髡與孟子論禮

孟子書中所稱禮，含義很廣泛。如云：『禮朝廷不歷位而相與言，不踰階而相揖也。』（離婁下）『在國曰市井之臣，在野曰草莽之臣，皆謂庶人；庶人不傳質爲臣，不敢見於諸侯，禮也。』（萬章下）『諸侯失國，而後託於諸侯，禮也；士之託於諸侯，非禮也。』（萬章下）類此社會階級的制度，概稱曰禮。但孟子曾與淳于髡論禮。離婁上云：

淳于髡曰：『男女授受不親，禮與？』孟子曰：『禮也。』『嫂溺則援之以手乎？』曰：『嫂溺不援，是豺狼也。男女授受不親，禮也；嫂溺援之以手者，權也。』

告子篇及說苑雜言篇均記孟子與淳于髡論禮：

淳于髡謂孟子曰……孟子曰：『孔子爲魯司寇，不用，從而祭，燔肉不至，不稅冕而行。不知者以爲爲肉也，其知者以爲爲無禮也。……』

孟子和淳于髡偶然逢到，議論便談到禮節，想必他們所共同有意討論的。那末王度記所述的禮節制度，應該出於淳于髡所作，豈不更可想見了！

七　淳于髡思想背景——齊地的論禮風氣

像孟子、淳于髡這種好尚論議禮節制度，恐怕也是齊地一時風氣使然。試舉孟子與齊宣王問答觀之：

一　『文王之囿方七十里，有諸？……寡人之囿，方四十里，民猶以爲大，何也？』按此齊宣王所問文王時古制。七十里或應作百里，揚雄羽獵賦：『文王囿百里，民尚以爲小；齊宣王囿四十里，民以爲大。』卽據孟子此文。周禮天官閽人疏引白虎通：『天子百里，大國四十里，次國三十里，小國二十里。』成公十八年公羊傳注：『天子囿方百里，公、侯十里，伯七里，子男五里，皆取一也。』穀梁成十八年築鹿囿疏引毛詩傳：『囿者，天子百里，諸侯三十里。』

二　『人皆謂我毀明堂，毀諸已乎？』按趙注：『謂泰山下明堂，本周天子東巡狩朝諸侯之處。』齊宣王問明堂遺蹟應該廢棄或應保存，可見明堂制宣王亦頗關心。

三　『王政可得聞與？』按孟子答曰：『昔者文王之治岐也，耕者九一，仕者世祿，關市譏而不征，澤梁無禁，罪人不孥。』孟子卽提出此種古制以對齊宣王之問。

根據孟子書中比較齊宣王梁惠王二人性情趨向，顯然互異。孟子跟宣王的問答，大率有關於禮節制度。至於作王度記的淳于髡，也是齊人。他所勸說是齊威王。威、宣二王原係父子。其實威王實在也是個喜歡議論禮節制度的人物。史記司馬穰苴列傳說：『齊威王使大夫追論古者司馬兵法，而附穰苴於其中，因號曰司馬穰苴兵法。』漢志稱爲軍禮司馬法，列入六藝略禮類，可見已經當作禮節制度之書，而非純粹兵家書了。試就佚文推考，涉及禮制者確占最多：

天子囿方百里，公侯十里，伯七里，子男五里，皆取一也。（公羊成十八年注疏引）

四邑爲丘，有戎馬一匹，牛三頭，是曰匹馬丘牛。四丘爲甸，甸六十四井，出長轂一乘，馬四匹，牛十二頭，甲士三人，步卒七十二人，戈楯具備，謂之乘馬。（詩信南山疏引）

六尺爲步，步百爲畝，畝百爲夫，夫三爲屋，屋三爲井，井十爲通，通爲匹馬，三十家，士一人，徒二人。通十爲成，成百井，三百家，革車一乘，士十人，徒二十人。十成爲終，終千井，三千家，革車十乘，士百人，徒二百人。十終爲同，同方百里，萬井，三

萬家，革車百乘，士千人，徒二千人。（周禮地官小司徒之職鄭注引）

這就是威王使大夫所追論的司馬法，其中類此制度方面的記載尚多，淳于髡即在其時其地感受此種影響而作王度記的。

八　齊地論禮思想的由來

齊地這種風尚的由來，推本溯源，或因前此齊地曾經產生過有名的政治人物管仲與晏嬰的緣故。管仲在齊桓公時，晏嬰在齊靈公、莊公、景公時。管仲相齊，政治上事業功績當然極偉大，然能注意治法制度，恐怕是他的政策中主要特徵之一。如管子立政篇述中央官制有：『虞師、司空、由田、鄉師、工師。』地方官制小匡篇云：『制國以爲二十一鄉，商工之鄉六，士農之鄉十五，公帥十一鄉，高子帥五鄉，國子帥五鄉。參國故爲三軍，公立三官之臣，市立三鄉，工立三族，澤立三虞，山立三衡。』地方自治制度，小匡篇云：『制五家爲軌，軌有長，六軌爲邑，邑有司，十邑爲率，率有長，十率爲鄉，鄉有良人，三鄉有屬，屬有帥，五屬一大夫，武政聽屬，文政聽鄉，各保而聽，無有淫佚者。』軍制，小匡篇云：『作內政而寄軍令，爲高子之里，爲國子之里，爲公里，三分齊國以爲三軍，擇其賢使爲里君，鄉有行伍卒長，則其制令。』晏嬰生平事蹟，見晏子春秋，他的相齊，如何制定法度，已經不可盡考。只能知道晏嬰所事之齊景公，確亦爲好禮之人。孔子世家記載昭公二十年齊景公與晏嬰適魯，與孔子問政問禮；齊世家記載入魯與晏嬰俱問魯禮。至於問禮內容，是否禮節制度，却不能知道。不過古時總把管仲晏嬰二人並稱（孟子、史記均管、晏並稱，）想來他們思想宗尚必定不相上下。史記稱淳于髡『其陳說慕晏嬰之爲人，』就是說淳于髡的思想淵源上爲管仲、晏嬰輩。然則淳于髡能作王度記，齊地有這種議論禮節制度的風氣的由來，的確是地域

上承受前此管晏的影響了

六　王度記天子駕六與漢今古文經說

王度記云『天子駕六，諸侯與卿駕四，大夫駕三，士駕二，庶人駕一。』所云『天子駕六，』與漢代今文家經說相符，而與古文家經說相異：

一　五經異義易孟京春秋公羊說『天子駕六馬。』

二　五經異義古毛詩說『天子至大夫同駕四，士駕二。』詩云「四驪彭彭，」武王所乘，龍旂承祀，六轡耳耳，魯僖所乘，四牡騑騑，周道倭遲，大夫所乘。」』

可見今古二家經說『駕六』『駕四』的制度各異。今說『天子駕六，』實爲周末、秦漢期間實行的制度，例如：

左傳成公十八年『程鄭爲乘馬御，六騶屬焉。』

荀子勸學篇『伯牙鼓琴而六馬仰秣。』楊倞注『六馬，天子路車之馬也。』

荀子修身篇『六驥不致。』

周書王會『其西天子車立馬乘六。』

史記始皇本紀『數以六爲紀，符法冠皆六寸而輿六尺，六尺爲步，乘六馬。』

石鼓文『趍趍六馬。』

史記呂后本紀『使人召代王，代王使人辭謝，再反，然後乘六乘傳。』

說苑修文篇：『天子之䝝，乘馬六匹乘車。』
韓詩外傳：『六馬不和，造父不能以致遠。』
張衡西京賦：『天子駕彫彰六駿駮。』薛綜曰：『天子駕六馬。』
東京賦：『六玄虯之奕奕。』薛曰：『六，六馬也，天子駕六馬。』
甘泉賦：『駟蒼螭兮六素虯。』李善曰：『春秋命歷序曰皇伯駕六龍。』
蔡邕獨斷：『上所乘曰金根車，駕六馬。』

凡此俱足證明『天子駕六馬』乃周末、秦漢時所曾實行的制度。還有王度記『諸侯與卿駕四，』也可從戰國時制度徵考。史記孟子荀卿列傳說：『惠王欲以卿相位待之，髡因謝去於是送以安車駕駟。』此亦卿駕四馬之證。據此可知所謂經說思想，皆不免為時代現實所支配，都有其淵源背境，未必憑空立說，先應有現實制度上『天子六馬』為原因，然後產生今文說『天子六馬』為結果。凡易、孟京春秋公羊以及王度記『六馬』的由來，皆可作如是解釋。

至於古文經說『天子四馬，』所從產生的原因淵源上卻比今文說更為古遠。戰國時代一切社會制度，都比較以前發生極大的變革。戰國時代是『天子六馬，』至於戰國以前就未必『六馬』而為『四馬。』古說所據，有下列數條，其時代均託始西周。

周禮校人：『乘馬，一師四圉。』鄭司農云：『四匹為乘，養馬為圉。』
毛詩大雅蒸民：『仲山甫出祖，四牡業業，征夫捷捷，每懷靡及。四牡彭彭，八鸞鏘鏘，王命仲山甫，城彼東方。四牡騤駢八鸞喈喈，仲山甫徂齊，式遄其歸。』

毛詩大雅六月：『王于出征，以匡王國，比物四驪，閑之維則。……四牡修廣，其大有顒，……四牡既佶，既佶且閑。』

毛詩小雅采芑：『方叔率止，乘其四騏，四騏翼翼。』

毛詩小雅車攻：『我車既攻，我馬既同，四牡龐龐，駕言徂東。田車既好，四牡孔阜，……駕彼四牡，四牡奕奕，……四黃既駕，兩驂不猗。』

毛詩小雅吉日：『田車既好，四牡孔阜。』

毛詩小雅北山：『四牡彭彭，王事傍傍。』

毛詩小雅車舝：『四牡騑騑，六轡如琴。』

毛詩小雅四牡：『四牡騑騑，周道倭遲。』

毛詩小雅采薇：『戎車既駕，四牡業業。』

毛詩小雅節南山：『駕彼四牡，四牡項領。』

毛詩大雅韓奕：『四牡奕奕，孔修且張。』

尙書康王之誥『諸侯入應門右，皆布乘黃朱。』孔傳：『諸侯皆乘四黃馬朱鬣。』

凡此俱言四馬，足證『天子駕四馬』乃西周時代實行之制度，而為漢世古文經說所淵源者。鄭玄注禮，乘悉四馬。聘禮：『庭實設乘馬。』鄭注：『乘四馬也。』又：『庭實從。』鄭注：『庭實四馬。』覲禮『路下四。』鄭注：『凡君所乘車曰路，路下四，謂乘馬也』卽從古說，與今說六馬異。

至此可知今古兩家經說違異雖都發生在漢代（今易孟京家說，今春秋公羊家說以及齊魯之學，皆西漢始盛；古毛詩說，古周禮說皆東漢始盛）如果我們考察立說所據，却是各有淵源，均未可厚非。不能執今攻古或據古難今。歷來今古兩家經說，最繁瑣難理，現在只有探得原委，知所從來，纔能觀其會通吧！

『天子駕六』既爲今文經說，然古文經周禮亦有六馬之稱，惟解釋殊異。校人云：『辨六馬之屬，種馬一物，戎馬一物，齊馬一物，道馬一物，田馬一物，駑馬一物。』所說指馬種有六，與『駕六馬』之說似不相涉。然車駕六馬固爲周末通行之制度，頗疑周禮書中信有六國之士所曾竄亂，原意在存古制，故以當時所行若六馬之制，別生一種曲解；遂多爲後世古文經說所祖。何邵公目爲陰謀之書，恐怕也是指此等耳。

『天子駕四』既爲古文經說，康王之誥『皆布乘黃朱，』卽爲所據。然白虎通紼冕篇云：『書曰：黼黻衣黃朱紼』尙書『布乘，』今文尙書別作『黼黻；』『黼黻』則康王之誥『布乘黃朱』云云，義非關于車乘矣，更不見乘有四馬。白虎通義者固今文說所匯萃，此引尙書，蓋擧古說四馬根據所在，故爲抹殺，別生曲解也。此亦漢世經術，家法多歧，而務碎義逃難，其蔽亦可徵見矣。

（附記）

余草此文竟，曾送呈沈瓞民先生，請其指正。據謂：『書五子之歌：「若朽索之馭六馬。」獨斷：「法駕，上所乘曰金根，駕六馬。」續漢書輿服志：「駕六馬。」又云：「所御駕六，餘皆駕四，後從爲副車。」注引古文尙書逸禮王度記：「天子駕六，諸侯與卿駕四，天子駕三，士駕二，庶人駕一。」昔撰周易孟氏學亦以天子駕六爲今文曲說，後細思之，知持論過偏，蓋天子之乘輿爲六馬，惟戎車天子亦四馬。毛傳四馬之說，指戎車也。荀子勸學篇楊註：「六馬天子路車之馬也。」說最允。然白虎通以諸侯路車義與楊反，路卽輅，卽論語「乘殷之輅」，呂氏十二紀「乘某輅」之輅，爲天子之所乘也。六馬四馬，千古疑案。許愼以六，鄭玄以四，迄今尚未判定。若以毛傳干旄疏爲根據，則古文尚書諸說，皆不成立，豈足爲平讞？沈先生此說自是有根據，雖與鄙見所樹假設又異，義當並存；茲恭錄如上，唯讀者省察焉。

七　慎子流傳與眞僞

史記孟荀列傳云：『慎到，趙人。』後世有中興書目作瀏陽人，非也。陳振孫亦曰：『瀏陽在今潭州，吳時始置縣，與趙南北不相涉。』

姚際恆古今僞書考以今本慎子爲僞書。他說：

> 漢志法家有慎子四十二篇，唐志十卷，崇文總目三十七篇，今止五篇，其僞可知。

姚氏之意，以爲唐志僅十卷，亡佚已多，到崇文總目忽然增加至三十七篇，從表面上看來，崇文本似乎已有僞的成份；今本五篇之餘存，誠如姚氏所云，難信其爲漢志之舊了。不過其中還有個問題，因爲卷與篇的內容未必相等，每一卷之中所包括的往往不止一篇，唐志慎子卷數雖僅十卷，篇數却必定有數十篇。這樣，如何能知唐志的篇數一定比漢志少，既不少，更何能斷定崇文總目的篇數一定比唐志多。所以從唐志僅十卷，因而斷定漢志以後有亡佚，或崇文有三十七篇，而斷定崇文本有僞篇，似乎都不可能。況且史記集解引徐廣曰：『今慎子劉向所定有四十一篇，』此云四十一，卽四十二之譌。那末劉宋時徐廣所見亦有四十二篇。據此，慎子的流傳，漢志四十二篇；徐廣時亦有四十二篇。唐志成於五代，後於徐廣四五百年，然著錄十卷，篇數上想必也有數十篇，至崇文總目時已有亡佚，存三十七篇；到了現在更有亡佚，只存五篇。這樣很自然的漸次亡佚，不能據爲今本爲僞。

亡佚的時間，大概在宋代。至於亡佚的緣故，也可約略加以推測。宋代慎子的本子有二：

（一）五篇本。　陳振孫書錄解題云：『今麻沙刻本纔五篇，固非全書也。』

通志藝文略云：『愼子舊有十卷，四十二篇，亡九卷，三十七篇。』

王應麟漢志考證云：『漢志四十二篇，今三十七篇亡，惟有威德，因循，民雜，德立，君人五篇，滕輔注。』

（二）三十七篇本。　書錄解題引崇文總目有三十七篇。

在相並時期間篇數已經有此不同。但三十七篇加上了五篇，剛巧等於愼子的原有篇數四十二篇。這確是很可注意的。依我看，原本四十二篇，其時一定已經給人家拆散分成二本：一是三十七篇，一是五篇，前者崇文總目所見，後者陳振孫等所見。經過如是拆散，於是二種本子分別流傳。其中五篇本似乎通行，諸家均見；三十七篇本較少，故僅著錄於官家的崇文總目。據此，自然通行的可永流傳，少見的易於亡逸；所以到了後來就一存一亡。崇文本亡逸，只有五篇尚流傳後世，這就使今本愼子只存五篇了。

以上是漢志後愼子流傳，證明今本篇幅雖少於漢志，却不是漢志後的僞書。至於漢志愼子本身的眞僞，還是疑問。史記只說十二論，與之相差太大，而且論與卷不同，每論應該只有一篇，那末漢志四十二篇中，不是已有三十篇爲僞嗎？至此，我們便得發生兩種觀念：

一　以爲『四十二』與『十二』的兩個數目，常有脫衍之誤。或本屬『四十二』而史記脫一『四』字亦未可知。類此差誤，古書上也常常有。有此板本上可能的疑問，則漢志愼子眞僞，不如他書之易於從篇目多少來定奪了。——這個觀念，其實不對。

二　風俗通姓氏篇云『愼到爲韓大夫，著愼子三十篇。』應劭曾經見過一部三十篇的愼子。但此書向來無所謂三十篇者，此三十之數剛巧是史記的十二論與漢志四十二篇之間數目之差。於此可證漢志的愼子，實在倂合二書爲一。史記的確是十二論，漢志加上了其時另外有部三十篇，纔拼成四十二。漢志的成份已多出於史記，這另外的三十篇史記所沒有記載，司馬遷都還沒有見過，自然是僞書或者附屬的外篇的性質無疑了。

據上所述，可列表如下：

史記所見十二論
另有三十篇
　　　│
漢志四十二篇
　　　│
徐廣所見唐志十卷四十二篇
　　　│
五篇本——今本
三十七篇本（七）

（本文曾刊二二年八月廈門圖書館館聲第二卷第五期）

八　荀子大略篇作於漢人考

荀子大略篇楊倞注云：『此篇蓋弟子雜錄荀卿之語。』又宥坐篇注云：『此以下皆荀卿及弟子所引記傳雜事。』則荀子書末自太略以下，宥坐、子道、法行、哀公、堯問共六篇，楊倞皆以爲非荀子親著。按大略篇內容純爲議論，惟不若荀子其他各篇之具有條貫，楊倞亦云：『皆略舉其要，不可以一事名篇，故總謂之大略。』至宥坐以下五篇，多記史事，體例與新序、說苑、韓詩外傳諸書相類，記事同異亦有原出諸書者，或出漢代荀子之徒所纂集。堯問篇末云：『爲說者曰：孫卿不及孔子。是不然。』則爲荀卿後人之辭甚明。楊倞之說，洵不誣也。

余考大略篇徵引羣書年代多在荀卿後，於是證知此篇確非荀卿親著。而楊倞所疑，知亦有據。試條舉於左：

一曰徵引公羊傳。　大略篇云：『春秋賢穆公，以爲能變也。』此引公羊傳文公十二年文也。傳曰：『秦伯使遂來聘。遂者何？秦大夫也。秦無大夫，此何以書？賢穆公也。何賢乎繆公？以爲能變也。』大略篇又云：『故春秋善胥命。』春秋桓公三年：『齊侯、衛侯胥命于蒲。』公羊傳曰：『相命也。何言乎相命？近正也。古者不盟，結言而退。』凡此大略篇稱引春秋，文義全同公羊傳文。然公羊傳迨漢景帝時胡毋子都始著於竹帛，則大略篇作期又當在景帝後矣。

二曰徵引穀梁傳。　大略篇云：『盟詛不及三王，交質子不及五伯。』此引穀梁傳隱公八年文也。大略篇又云：『使仁居守。』此引穀梁傳隱公二年文也，傳曰：『仁者守。』大略篇又云：『貨財曰賻，輿馬曰賵，衣服曰襚，玩好曰贈，玉貝曰唅。』此亦引穀梁傳隱公元年文也。按穀梁傳晚出於漢武帝世，大略篇能引穀梁傳文，則其作期又當在武帝後矣。

三曰徵引大戴禮記。　大略篇云：『諸侯相見，卿爲介，以其教出畢行。』此引大戴禮記虞戴德篇文也。大略篇又云：『流言滅之，貨色遠之。禍之所由生也，生自纖纖也，是故君子蚤絕之。』『君子疑則不言，未問則不立，道遠日益矣，多知而無親，博學而無方，好多而無定者，君子不與。』『無益而厚受之，竊也。』『賜予其宮室，猶用慶賞於國家也；忿怒其臣妾，猶用刑罰於萬民也。君子之於子，愛之而勿面，使之而勿貌，導之以道而勿彊。』以上皆大戴禮記曾子立事篇文也。大略篇又云：『流言止焉，惡言死焉。』此引大戴禮記曾子本孝篇文也。按大戴禮記本雜湊成書，各篇著者原出誰氏，猶難斷言，要非秦、漢以前編集成書則可知。今大略篇能引大戴記文，則作期又當在其後矣。

四曰徵引詩傳。　大略篇云：『國風之好色也，傳曰：「盈其欲而不愆其止。其誠可比於金石，其聲可內於宗廟。小雅不以於汙上，自引而居下。疾今之政以思往者，其言有文焉，其聲有哀焉。」』所引『傳曰，』究屬何指，尚未可定。今毛詩傳、韓詩外傳俱無其文。陳喬樅三家詩遺說考指爲魯詩說，亦無確證。不惟詩傳齊、魯、韓、毛四家，成書無一在漢以前者；即或謂大毛公所述舊說，年代亦已在荀卿後，則大略篇作期之晚可知矣。

據上各條所證，知大略篇作期極遲，決非荀卿所能親著。否則何能引及晚出之公羊、穀梁、大戴禮記等書乎？惟今本荀子爲劉向校錄之舊，則大略篇劉向已見，最遲不得更後於劉向時。當係武、宣之際，傳經碩儒，崇尚荀卿者，所託以僞撰矣。

九　荀子賦篇作於秦地考

荀子成相篇與賦篇皆四言賦體，較之荀子書中其他各篇，體裁上頗不一致。其是否原屬荀卿所作，恐有問題。賦篇著作地域，余謂應出於西土秦地。其證有四：

一、荀子賦篇云：『大盈乎大寓。』『寓』字从禹，但說文宇字下云：『寓籀文宇，从禹。』古代籀文原爲運用限於西土地域之文字，若在東土行用則爲古文。（別詳拙著古代東西土古籀文字不同考，曾刊文瀾學報第三卷第一期）今賦篇『寓』字从禹，正同籀文，即知賦篇作地必在西土秦地無疑。古籍流傳雖已多失原始文字眞形，猶幸賦篇尚存『寓』字，使我人藉以窺見一斑，資爲西土所作之證也。

二、古時四言詩，除前此詩經而外，求之後代，惟西土秦地亦曾盛行一時。時代較前有石鼓（石鼓爲秦刻石，）時代稍後有李斯刻石。如鄒嶧山、琅邪山、會稽山等處刻石，無一不爲四言賦體；其體例正與荀子賦篇相同。故賦篇亦宜定爲西土秦地作品，與其他四言詩歸於同一門類，以見秦地文學作風。

三、班固著漢書藝文志，於『荀賦之屬』中，首列孫卿賦十篇，其次列秦時雜賦九篇，以下則皆漢人雜賦之作。此種分類之方法上，孫卿賦能與秦賦並列同類，秦賦竟得歸類於荀賦之屬中，亦可想見荀卿之賦原爲秦地所作矣。

四、賦篇有云：『一四海。』又云：『周流四海。』類此皆係統一海內後秦人之語氣。例如秦琅邪石刻亦云：『今皇帝並一海內。』即與賦篇語句相同。然則賦篇作期，更應在始皇二十六年以後矣。

按荀卿晚年或及見始皇統一。（鹽鐵論毀學篇：『李斯之相秦也，始皇任之，人臣無二，然荀卿為之不食。』李斯相秦在始皇二十六年，）然荀卿入秦乃在秦昭王中，（儒效篇有秦昭王問荀卿。又彊國篇應侯問荀卿入秦何見？范睢於秦昭王四十一年為相，封應侯，）其後遊學於齊，三為稷下祭酒，又適楚，而春申君以為蘭陵令，（在楚考烈王八年，即秦昭王五十二年，）迨春申君死，（楚考烈王二十五年，秦始皇九年，）荀卿廢，因家蘭陵，其足跡未嘗再至秦國。則此賦篇既為始皇時秦地所作者，自不得屬之荀卿甚明。頗疑荀卿弟子李斯所作，後人不審，遂以之編入荀子書中。史記李斯傳稱斯至楚受學於荀卿，旋至秦，會莊襄王卒。則李斯入秦之次年，即為始皇元年；及相秦則已統一。故賦篇之作，若屬之李斯，則論時論地皆合。

十　荀子非十二子篇與韓詩外傳卷四非十子節之比較

荀子非十二子篇列舉先秦諸子凡十二人如左：

它囂　魏牟　陳仲　史鰌　墨翟　宋鈃　愼到　田駢　惠施　鄧析　子思　孟軻

韓詩外傳所非十子，與此人數稍異：

范雎　魏牟　田文　莊周　愼到　田駢　墨翟　宋鈃　鄧析　惠施

宋王應麟謂『荀子非十二子，韓詩外傳引之止云十子，而无子思孟子。愚謂荀卿非子思、孟子，蓋其門人如韓非李斯之流，託其師說以毀聖賢，當以韓詩爲正。』淸盧文弨亦謂：『韓詩外傳止十子，无子思孟軻，此乃並非之疑出韓非、李斯所附益。』王、盧二氏均以荀子非子思、孟軻語，爲韓非、李斯輩附益，其說似不可從。荀卿、韓嬰二家所非，互有異同，其中取舍之故，可得而言。茲析論如后：

一、揚子法言君子篇云：『或曰孫卿非數家之書，倪也；至於子思、孟軻，詭哉。』知揚雄所見荀子書中已有非及子思、孟軻之語。則韓詩之文，知亦確係襲取荀子；於思、孟不復非議，自必又以意刪節甚明。

二、漢初思、孟之學本不同於百家之漸趨衰微。當文帝時，孟子之學曾立博士；（見趙岐孟子題辭）文帝又使博士諸生纂集王制，所述制度，亦以採據孟子之說爲多，可徵孟子之學，其時極盛，方爲博士輩所崇尚，則韓嬰既爲文帝博士之一，（詩三家立博士，俱出武帝前，應在文帝世）安得反加以非毀乎。故舉荀卿非子思、孟軻語，遂摒而不錄矣。

三、至於荀卿所非它囂、陳仲、史鰌三人，韓詩不錄者，則以三人苟立小節，徒負當世盛名，（荀子不苟篇譏陳仲、史鰌云：『盜名不如盜貨田仲、史鰌不如盜。』它囂，楊倞注云『未詳何代人。』）在諸子中本非巨擘之故。

四、韓詩外傳所以增錄范雎、田文、莊周三人者。莊周固先秦瑰奇之士，學術本異儒生，宜爲韓嬰所非，可無異議。范雎、田文年代俱在荀卿前，荀卿不加非議，而韓嬰特舉斥之者，則以范雎代表縱橫之士，田文招致豪傑食客稱盛，亦可代表養士之風。斯皆戰國世普遍所有之現象，荀卿當時，殆未嘗不爲食客與說士之伍耳。（荀卿說范雎，見彊國篇；說秦昭王，見儒效篇。荀卿依春申君爲蘭陵令中，曾去趙爲上卿，復爲春申君所招致，見戰國策楚策四，則亦春申君所養士耳。故史記呂不韋傳稱『是時諸侯多辯士，如荀卿之徒。』）及秦次第翦滅六國，策士縱橫之謀卒歸無用。然流風未息，西漢養士若吳王濞，（史記貨殖傳：『夫吳自闔閭、春申、王濞三人，招致天下之喜遊子弟。』）淮南王安（漢書淮南王傳：『招致賓客方術之士數千人。』淮南子高誘序：『與蘇飛、李尚、左吳、田由、雷被、毛被、伍被、晉昌等八人，及諸儒大山、小山之徒，共講論道德。』）皆曾招致豪傑，儲奇材異士，盛況不亞戰國世。迨吳王、淮南王先後作亂謀反，（吳楚七國反在景帝三年，淮南王叛於武帝世，其自殺在元狩元年，然倍叛之意蓄謀已久）則養士亦徒滋叛逆耳。故韓嬰特舉范雎、田文斥之，非無因也。

二十五年七月。

十一　司馬兵法的眞僞與作者

一　今本五篇司馬兵法不僞

姚際恆說：

司馬兵法之書，今不可見，其中必多揖讓之文。故史遷亟稱之曰『三代未能竟其義，』又曰『司馬兵法之揖讓也。』但班氏既分子類，依任宏兵家四種，奈何又以司馬兵法入於經之禮類乎！此班氏之誤也。當時百五十五篇，隋志三卷，不分篇，已亡矣。今此書僅五篇，爲後人僞造無疑。凡古傳記引司馬法之文，今皆無之；其篇首但作仁義膚辭，亦無所謂揖讓之文，間襲戴記數語而已。若然，史遷奚至震驚之以爲三代不能竟其義乎？是不惟史遷所見之本今不可見，卽所謂附穰苴於其中，號曰司馬兵法者，亦不復見矣。（古今僞書考卷一）

龔定盦說：

其言孫吳之輿臺，尚不如尉繚子，所謂宏廓深遠者安在？疑者一。自馬融以降，引之者數十家，悉不在五篇中。疑者二。佚書乃至百四十五。疑者三。存者是司馬法，則佚者是穰苴法矣，齊威王合之之後，何人反從而分之，使之蕩析也？疑者四。馬融以下，羣書所引，娖有三代兵法及井田出賦之法，是佚書賢於存書遠矣，是穰苴法賢於司馬法遠矣。疑者五。邢、陳、晁三君之生不甚先後，所見懸殊，疑者六。

聞蘇州黃氏有宋刻本司馬法，不知幾卷，惜未見。邢昺親見司馬法百五十篇，出論語義疏。（定盦文集補編卷二）

最錄司馬法）（按論語義疏爲梁皇侃撰，邢昺所撰原名正義，即通行十三經注疏中之論語疏也，龔文殆衍一義字。）

姚，龔二家雖都懷疑今本司馬兵法爲僞，可是他們並沒有提出充分的證據。其實我們只要看，漢代各書所引的司馬法文句，均見於今本五篇的司馬法中，就足以證明今本五篇的司馬法，尚係漢代之舊，決非漢後所僞作。茲將所引各條列於後：

（一）史記平津侯主父列傳引司馬法曰：『國雖大，好戰必亡；天下雖平，忘戰必危。天下既平，天子大凱，春蒐秋獮，諸侯春振旅，秋治兵，所以不忘戰也。』

按說苑指武篇，劉勰新論閱武篇及何武上疏，亦均引司馬法此文，同史記。所引見今本司馬法仁本篇中。

（二）左傳僖公二十三年『其辟君三舍』賈逵注（見史記晉世家集解）引司馬法：『從遯不過三舍。』

按賈逵所引，在今本司馬法仁本篇中。『從遯』作『縱綏』。

（三）呂氏春秋論威篇高誘注引司馬法曰：『有故殺人，雖殺人可也。』

按高誘注所引，疑即今本司馬法仁本篇所云『是故殺人安人，殺之可也。』

（四）漢書胡建傳武帝制引司馬法曰：『國容不入軍，軍容不入國。』

按武帝制所引，在今本司馬法天子之義篇中。

（五）徐幹中論賞罰篇引司馬法曰：『賞罰不踰時，欲使民速見善惡之報也。』

按徐幹所引，即今司馬法天子之義篇所云：『賞不踰時，欲民速得爲善之利也。』

（六）劉向上疏引司馬法曰：『軍賞不踰月。』

按劉向所引，疑即今本司馬法天子之義篇所云：『賞不踰時。』

（七）周禮夏官司右鄭注引司馬法曰：『弓矢圍，殳矛守，戈戟助，凡五兵，長以衞短，短以救長。』

按鄭玄所引，在今本司馬法定爵篇中。

其他漢後的人所引司馬法，却有些不在今本五篇中。這是因爲漢志司馬法原有一百五十五篇之多，而今存者僅止五篇，篇幅上已經有許多亡逸了的緣故。但是不論今本逸存的篇幅多少，凡漢代各書所引司馬法，既然皆見於今本五篇中，那末今本的五篇不是僞書，可以由此決定的。姚際恆說：『凡古傳記引司馬法之文，今皆無之。』龔定盦說：『自馬融以降，引之者數十家，悉不在五篇中。』姚氏、龔氏據此理由來懷疑今本司馬法爲僞書，未免太疏忽了，其實古傳記所引司馬法文句，在今本五篇中何嘗沒有呢！

二　司馬兵法的流傳

其次再看司馬兵法的流傳。漢書藝文志六藝略禮類有軍禮司馬法百五十五篇，到了隋志僅存三卷，這其間篇幅多寡相差太遠。所以漢志的司馬法，其中大部份到隋志時候必定已經亡逸了。

從隋志一直到現在，中間還有沒有什麼變動呢？據隋志以後各史藝文志所載，例如：

舊唐書志司馬法三卷；

新唐書志司馬法三卷；

宋志司馬法三卷。

皆與隋志同。晁公武郡齋讀書志亦仍三卷。但是陳振孫直齋書錄解題所著錄，却作一卷，與各家俱異。這裏面原因我看是爲了三卷本僅有五篇，篇幅太短少，於是把三卷合起來併成一卷。正如四庫提要所說：『世所行本，以篇頁無多，併爲一卷，今亦從之』的情形相彷彿。所以書錄解題的一卷，我想內容多少大概仍無異於隋志的三卷。

明代黃省曾申鑒時事篇注云：『齊將司馬穰苴撰兵法三卷。』既知陳振孫的一卷應認爲把三卷合併爲一卷的，那末後來傳到明代黃省曾時的三卷，應該還是隋志等時三卷的舊物，中間並非陳氏時亡去二卷而明人另造僞篇以足成卷數。龔定盦所說：『宋刻本司馬法不知幾卷。』龔氏大概也因爲宋代陳振孫所見僅一卷，與其時各家著錄的卷數互異，而生出疑問吧！不過宋刊本司馬法，現在我們已很容易看到了，其中確分上中下三卷，凡五篇，內容與流傳今本五篇完全相同。這正可以證明司馬兵法歷代流傳，中間經過宋代陳振孫那時候並沒有發生過亡逸或造僞的變動。陳氏著錄的一卷，確係三卷合併起來而成的。而今本的五篇，因此也就直接可知尙係宋時三卷之舊，尙係隋志三卷之舊。

至於邢昺論語疏忽作司馬法一百五十篇，與以前隋志不同，與其時宋志等也不同，與稍後的晁公武著錄也不相同。邢氏所記必定有差誤的地方；這一定是見了漢志著錄有一百五十五篇數，邢氏就依了而說，並非當眞有這許多篇的。

左傳僖公三十三年孔穎達正義說：

……必古有此禮，或出司馬法，其書既亡，未見其本。

這也不能作爲唐孔穎達時司馬兵法已完全亡逸的證據。因爲唐時尙存三卷，實際上確乎還有此書。或許照漢志百五十五篇比例算，則隋唐時逸存的連十分之一都不滿，差不多可以說幾乎全亡了，所以孔氏會如此說罷！另外的原因就是杜預注所稱引『謂過天子門，不卷甲束兵，超乘示勇』的幾句，在今三卷五篇中確乎未見，於是孔穎達就偶爾誤稱以爲已亡了。

如是，司馬兵法眞僞的問題，可歸結爲二點：

(一)今本五篇，完全是隋志當初三卷之舊。

(二)今本五篇，尙係漢代之物，雖然與漢志篇數不相等，與司馬遷所見的司馬穰苴兵法篇數同否也不得而知；但是今本五篇確爲漢代人所曾共見，亦爲司馬遷所曾見過，這是毫無疑義的。

三　司馬兵法與今古文經說

廖季平以司馬兵法所述制度爲今文學，他說：

司馬法，司馬主兵，王制之傳也。其言兵制出師，與周禮不合，蓋全主王制也。……考司馬法與王制同，見孔賈諸疏。

（今古學考）

但黃以周却以爲司馬法是古文學。他輯軍禮司馬法考徵，疏證時常常根據周禮。其中有辨誣一條，茲錄於下：

公羊成十八年注云「天子囿方百里，公、侯十里，伯七里，子、男五里，皆取一也。』疏曰：『孟子云，司馬法亦云。』此誣言也，諸侯封國之數，孟子與周禮不同，何休主孟子文，其所云百里，十里，七里，五里，皆主封國十之一。司馬法主周禮文，不同公、侯地方百里，伯七十里，子、男五十里之說，烏得有此文。

廖黃二氏立說正相反，一主今文，一主古文。其實二家都不會完全對的。倘使把廖黃二說比較起來，自然以黃說爲長。例如：

一、四邑為丘，有戎馬一匹，牛三頭，是四匹馬丘牛。四丘為甸，甸六十四井，出長轂一乘，馬四匹，牛十二頭，甲士三人，步卒七十二人，戈楯具備，謂之乘馬。（詩小雅谷風之什信南山疏引司馬法）

按此與周官小司徒『四邑為丘，四丘為甸』之語合。

二、一萬二千五百人為軍。（孫子謀攻篇曹公注引司馬法）

按此與周官夏官司馬序官文同。

三、百人為卒，二十五人為兩。（左傳成公七年注引司馬法）

按此與周官小司徒職『五人為伍，五伍為兩，四兩為卒』文同。

四、春以禮朝諸侯，圖同事；夏以禮宗諸侯，陳同謀；秋以禮覲諸侯，比同功；冬以禮遇諸侯，圖同慮；時以禮會諸侯，施同政；殷以禮宗諸侯，發同禁。（周官大行人注引司馬法）

按此與周官大行人文同。

其他司馬法逸文中與周官『文同』或『義同』的尚多。司馬法所述制度，能與古文經的周禮相合，這是黃氏對於司馬法以為不同於孟子、公羊，而應屬於古文學的根據所在。所以像廖氏批評司馬法『不同周禮，全主王制』，其實何嘗沒有相合地方呢！

至於未合周禮的，固然也有。譬如黃氏也舉出同於周書武順篇的一條來引證過。但是就這一條論，未始沒有問題。周書性質，究竟作於什麼時代，還不能斷定，恐難據來做論證的資料。司馬法此條已同周書，固然不再同於周禮了；但未必就此可說凡同於周書的必定絕對不會同於周禮。廖氏所稱『不同周禮，』或者是見了類此之處而說，其非確當由此可知。進一步反而以爲司馬法係『全主王制』的今文學，其立說無理由尤不待言。所以比較上黃、廖二家之說，應該認爲黃是而廖非。

但我以爲黃、廖二說均不能全信，因爲司馬法本質原屬今文說古文說混雜之書。黃氏見到大部份和古文周禮相同，不免把今文之處抹殺曲解；廖氏大概又見到一部份今文，於是武斷全部司馬法皆主今文王制。其中屬於今文說部份，就佚文中細看，尙有下列幾處可尋：

(一)公羊傳成公十八年何休注『天子囿方百里，公侯十里，伯七里，子男五里，皆取一也。』疏：『孟子文，司馬法亦云也。』

按徐彥疏明指司馬法字數上『百里』『十里』『七里』『五里』數目，容或有誤；但這種等次階級分別，顯然同於王制『天子之田方千里，公侯方百里，伯七十里，子男五十里』之說，却是無疑。況且王制制度本多與孟子相通；今司馬法此條復同孟子，更知亦應同於今文王制爲相宜。黃以周認爲司馬法主古文周禮，對於這一條今文，就不免要加以曲解辨誣了。

(二)圍其三面，闕其一面，所以示生路也。(孫子軍爭篇曹公注引司馬法)

按此與王制『天子不合圍』的話也同。雖是較小問題，也足見司馬法中確是含有今文說的成份。

四　司馬兵法作者之推測

從司馬兵法中雜有今文說這點上，又可以推測西漢時史遷所見的司馬法，其中一部份作期應在西漢今文家學說盛行之際。再從史遷話裏，看他對於作者問題有何主張。司馬穰苴列傳說：

齊威王使大夫追論古者司馬兵法，而附穰苴於其中，因號曰司馬穰苴兵法。

史遷說『追論，』意思是書名雖號稱司馬兵法，古時却並沒有某某兵家曾任司馬官職；司馬兵法實爲後人所『追論』而成；換句話說，就是後人虛擬僞託。史遷對於僞託者，似乎提出二說：一是齊威王時大夫追論，另外一是穰苴所著。史記自序說：

自古王者有司馬法，穰苴能申明之。

稱『自古王者，』更可知司馬法並不能確實指定古代何人所作。『申明』字作何解釋，殊難得其確義。以爲古時有司馬法，穰苴能夠運用；還是申述或著作的意思，講把司馬法歸之穰苴所作呢？史遷說來非常含糊。穰苴列傳說：

司馬兵法閎廓深遠……穰苴區區爲小國行師，何暇及司馬兵法之揖讓乎。

這與前面引史遷的話，又像矛盾。前面一面斷定穰苴爲作者，一面又說『穰苴能申明之，』總還承認穰苴與司馬兵法有相當關係。但這裏却以爲內容『閎廓深遠，』與穰苴行師的『區區小國』比較，而斷定司馬兵法沒有產生在穰苴的小國的可能。可見史遷對於穰苴爲作者這一層，仍無確信；無論穰苴運用或著作司馬兵法，都不承認了。

史遷所提出的二說，名義上穰苴所作，既不甚可靠；大概齊威王時大夫所追論，是史遷本人所可相當的承認了。這是我們考察史遷的話，約略可得到的結論。再看梁玉繩史記志疑說：

齊景公時，晉伐阿甄，而燕侵河上，齊師敗績。景公患之，晏嬰乃薦穰苴。

案戰國策稱湣王殺穰苴。蘇軾志林據以爲信，大事記、古史、習學記言、齊策吳注並從之。蓋穰苴之事不見於春秋；況景公之時，心欲爭晉霸而不能，力欲拒吳侮而不足，穰苴文武之略何在？且晉伐阿甄，燕侵河上，其地皆景公時所無，左傳亦不載，固可疑也。然吳起傳李克曰『起用兵司馬穰苴不能過。』晏子春秋雜上、說苑正諫云『景公飲酒移於穰苴之家。』似又非湣王時人。疑以傳疑，未敢遽定。

既見穰苴尊爲大司馬，田氏日以益尊於齊。

案此語不可信。齊亦恐無大司馬之官。讀史漫錄云：『晏子憂田氏之強，欲景公以禮制之，而反薦穰苴使之用事，其不爲失計耶。』

可見一、穰苴是景公時人還是湣王時人，已難定；二、穰苴事根本不見春秋；三、晉伐阿甄，燕侵河上，其地皆景公時所無；四、尊穰苴爲大司馬亦不可信。據此則知史遷所疑，是更加確當了。穰苴史跡，其不可信者如此，司馬兵法非穰苴作，應出威王大夫追論，當更可想見。

據此，西漢史遷所見司馬兵法，從史記中知係齊威王大夫所追論；從其中有今文說，又應係西漢初期時人所作。這二種作者將如何決定，不外下列三種觀察：

一、承認齊威王時大夫，不承認漢初人作。這一說所難通者，是今文經說在威王時恐怕還不會有，勢必牽涉到漢初今文經學家。而且司馬兵法佚文中有條『六尺爲步』，的確是漢人所述制度，而非周制。

二、承認漢初人作，不承認齊威王大夫。這一說難通，是不能把史記『齊威王使大夫追論』的話輕易抹殺。

三、承認齊威王大夫同時又承認漢初人。以爲最初齊威王時大夫所僞作，託名古代的司馬兵法，而後來到漢初今文經師，又把材料增加進去。

以上三說，我個人意見贊成最後一說。再從二方面推測，也覺得第三說應該對的：

(一)荀悅申鑒時事篇說：『孝武皇帝以四夷未賓，寇賊姦宄，初置武功賞官，以寵戰士。若今依此科而崇其制，置尚武之官，以司馬兵法選位秩比博士，講司馬之典，簡蒐狩之事，掌軍功爵賞。』這是指武帝時制度。這種制度中有『以司馬兵法選位秩比博士講司馬之典』一項，是很可注意。由此不難想見司馬兵法必定給稍前文帝時纂集王制的今文博士所重定過，所以不久武帝時就特別注重，會拿來運用了。

(二)劉向別錄說：『文帝所造書，有本制，兵制、服制篇。』所謂本制，必定指禮記王制，是今文說提綱挈領的一篇主要作品。王制原屬文帝博士所纂集的。『本』字或係『王』字譌，亦未可知。別錄記文帝所造書，尚有兵制、服制篇。司馬兵法中既含今文說，那末可與王制並列的所謂兵制，自然又舍司馬兵法莫屬了。如果這樣推測不誤，又可證實了司馬兵法確爲漢初文帝博士所重定過的。由此進一步，更知所謂服制，必係春秋繁露中的服制篇。春秋繁露的性質，原屬今文經說薈粹之書，或許服制篇原出文帝時博士所作，而後來被董仲舒採取錄入繁露中者。

總上所述，可列表如下：

最初齊威王時大夫所追論

漢初今文博士增加

——西漢司馬遷所見——漢志一百五十五篇——隋志三卷五篇亡逸已多——今本五篇與隋志同且今本五篇亦曾爲司馬遷當時所見及者

二十一年十二月於鷺島。（本文曾刊二十一年十二月二十二年一月廈門圖書館館聲一卷十二期及二卷一期）

十二　司馬兵法兵車出師之今古二說及其來源之解釋

司馬兵法講兵車出師有不同的二說：

一、四邑爲丘，有戎馬一匹，牛三頭，是曰匹馬丘牛。四丘爲甸，甸六十四井，出長轂一乘，馬四匹，牛十二頭，甲士三人，步卒七十二人，戈楯具備，謂之乘馬。（詩小雅谷風之什信南山疏引司馬法）

二、六尺爲步，步百爲畮，畮百爲夫，夫三爲屋，屋三爲井，井十爲通，通爲匹馬，三十家，士一人，徒二人，通十爲成，成百井，三百家，革車一乘，士十人，徒二十人，十成爲終，終千井，三千家，革車十乘，士百人，徒二百人，十終爲同，同方百里，萬井，三萬家，革車百乘，士千人，徒二千人。（周禮地官小司徒之職鄭注又論語集解馬融注引司馬法）

這二種說法根本互相矛盾。以前的人也有把這二說加以會通的。例如賈公彥周禮疏以爲前說甲士少步卒多，爲畿外邦國法；後說比前說甲士多步卒少，爲畿內采地法。賈氏說：

革車一乘，士十人，徒二十人，此謂天子畿內采地法。鄭注論語道千乘之國，亦引司馬法，彼是畿外邦國法。彼革車一乘，甲士三人，步卒七十二人，甲士少步卒多；此士十人，徒二十人，比畿外甲士多步卒少。外內有異故也。

江永周禮疑義舉要說：

注引司馬法一乘士十人，徒二十人，與甲士三人步卒七十二人之法異。賈疏及坊記『制國不過千乘，』孔疏皆謂『都鄙之軍制，』非也。七十五人者，邱乘之本法；三十人者，調發之通制。

黃以周以前說爲在國制軍之法，後說爲出征境外之法。禮書通故說：

> 古者賦與軍異軍之在國，與出征異。小司徒云：『凡起徒役，無過家一人。』此言貢賦之法。魯頌云：『公車千乘，公徒三萬。』是記貢賦實數。天子地方一畿，則有賦萬乘。詩詠公劉，其車三單。武王祖其制而云：『前一卒曰開，後一卒曰敦，左右一卒曰閭，三單用開閭七十五人，四卒成衞用百人。』此言在國制軍之法。司馬法本此而云：『甸出一乘，甲士三人，步卒七十二人。』此法以徒爲主，故甲士少，步卒多。孟子引逸書云：『革車三百兩，虎賁三千人。』虎賁卽甲士，每車甲士十人，此武王爲諸侯時出征境外之法。司馬法本此而云：『成出一乘，士十人，徒二十人。』天子征用六師，萬有五千人，計五百乘。此法以車爲主，故甲士多，步卒少。

其實他們無論怎樣講法，都是憑空設想。事實上前說『甲士三人，步卒七十二人』與後說『士十人，徒二十人』的數目分別，總沒有方法好解釋。我們倘使不主張免強調和的論調，用今古文經說不同的觀點去考察，就能够分得清楚。

前說每乘『甲士三人，步卒七十二人』，應是古文說，因其與周禮合。陳祥道說：

> 卒有百人，……凡三卒而車四乘，三旅而車二十乘，三師而車百乘，三軍而車五百乘，六軍則車千乘。這是每乘七

十五人的數目，（甲士三人，步卒七十二人，共七十五人）司馬法的前說可謂與周禮的六軍三軍是相通的。周禮六軍七萬五千人，以每乘七十五人配之，適有千乘；三軍三萬七千五百人，以每乘七十五人配之，適有五百乘。雖然黃以周（禮書通故）朱大韶（實事求是齋經義司馬法非周制說）二家否認陳說，以爲用司馬法每乘之數來解釋周禮六軍三軍，固然可通，而於二軍一軍，尙不可通。周禮二軍二萬五千人，以每乘七十五人配之，計三百三十三乘，尙餘二十五人；一軍萬二

千五百人，以每乘七十五人配之，計一百六十六乘亦餘五十人。其實黃氏朱氏二家如此指摘陳說，未免過于苛求。因爲每軍人數固然有法定的數目，逢着行軍時候稍有參差，想來是不能避免的；而每乘七十五人也是法定的人數，逢着行軍時候有幾乘稍有增減，當然也是不能避免的；司馬法每乘七十五人的制度既已能通於周禮六軍三軍的人數了，則通之二軍一軍的人數而復有零數，便也不足爲病。若要找出一個各軍（六軍三軍二軍一軍）皆通的數目來作每乘的人數，司馬法每乘七十五人的數目如果不可用，那末舍此而外計算起來實在也就找不出再有第二個數目了。所以司馬法的每乘『甲士三人，步卒七十二人』，卽應是周禮的每乘所有的人數，這一說的司馬法，亦卽是古文說。

後說『士十人，徒二十人』，與前說不同，應屬於今文說。在今文經說總匯的禮記王制上，雖找不出此項根據，但孟子盡心篇曾說。

革車三百兩，虎賁三千人。

據此孟子所云，則每車分配應有虎賁十人，這就是等於司馬法所謂『士十人』。『士』本不同於『徒』，『徒』只是兵卒，『士』就是『甲士』，所以司馬法的『士』，孟子又稱爲『虎賁』。又魯頌說：

公車千乘，公徒三萬。

孟子所說是司馬法『士十人，徒二十人』這句話的上半句，單指每乘『甲士十人』而言。現在加上了魯頌所說，更能明瞭司馬法的全句。千乘有徒三萬，於是一乘有士徒三十人，此與司馬法每乘士與徒合共三十人之數正合。可見司馬法這一說和孟子相通，和魯頌也相通。和魯頌相通且不管，和孟子所說既能夠相通，這是很可注意的。今文王制在淵源上本來出於孟子，孟子王制所述制度相通之處原來極多，司馬法既能與孟子合，卽知司馬法此條無異亦爲一種今文說了。不但如此，司馬法此條又稱『六尺爲步』，與王制所云『古者以周尺八尺爲步，今以周尺六尺四寸爲步』的話亦合，這也是司馬法此條爲今文說的證據。

由此可見，司馬兵法中兵車出師的二種不同的說法，乃是今文的經說和古文的經說的不同的緣故。至於如何會產生這種今古的經說，我想不外下列二層原因：

一、今古文經說的來源，往往各有淵源於古代的制度作爲根據。

二、須從兩漢時候的環境上去加以考察。因爲今文經說的興起在西漢時，總不脫西漢人從西漢時環境上所得來的想像；古文說的興起在東漢時，總也不脫東漢人從東漢時環境上所得來的想像。

凡今文古文經說的產生，必不出以上這二層的原因。茲以司馬兵法的兵車制度爲例解釋如下：

今文的兵車出師之說，如何產生？

漢初本來已經不行用車戰了，西漢人要從其時的物質環境上生出想像來，固然不可能的；但是古來却是有過車戰這種制度的。今文說不僅如上面我們所述和孟子、魯頌相通而已，其他如戰國策趙策二蘇秦說趙王節說：

湯武之卒，不過三千人，車不過三百乘。

魏策一蘇秦說魏王節說：

武王卒三千人，革車三百乘，斬紂於牧之野。

呂氏春秋簡選篇說：

武王虎賁三千人簡車三百乘，以要甲子之事於牧野，而紂為禽。

呂氏春秋貴因篇說：

故選車三百，虎賁三千，朝要甲子之期，而紂為禽。

淮南子泰族訓說：

湯武革車三百乘，甲卒三千人。

革車三百乘，甲卒三千人，則每乘有甲士十人。與司馬法今文說每乘有『士十人』的數目正相合。可見係古時確有這種制度，西漢今文家不過採取來據以立說罷了。

古文的兵車出師之說如何產生？

這與今文說的來源完全兩樣。後漢書匈奴傳說：

初帝（指光武帝）造戰車可駕數牛，上作樓櫓，置於塞上，以拒匈奴。

戰車在西漢時候本來已經很少見了，直到光武帝時候纔又行用起來。光武那時候，正是民間的古文學派經學家漸漸的要興起來的時候了。『造戰車可駕數牛』的制度，就和司馬法古文說的『一乘牛十二頭』之說相合。其時實際的制度，竟能與古文的經說相合，就可以證明古文經說的來源，多少不免受到其時的物質環境的影響而想像出來的了。再看魏武帝新書說。

攻車一乘前拒一隊左右角二隊，共七十五人。（孫子十家註作戰篇張預注引）

東漢光武時曾用車戰，靈帝時陽璇爲零陵守也曾制車數十乘以禦敵，不過每車的人數，無從考究。現在這魏武所說的制度很可注意，因爲魏距東漢爲時不遠。魏武戰車每乘人數爲七十五人，其中分成三隊，每隊應有一人爲長，正和司馬法古文說『甲士三人，步卒七十二人』的話完完全全相合。這又可見古文經說的產生於其時的物質環境上，不免受到其時實際制度的影響而立說的。

十三　孫子十三篇作於孫臏考

姚際恆古今僞書考，對於孫子，頗致懷疑。他說：

此書凡有二疑：

一則名之不見於左傳也。史記載孫武齊人，而用於吳，在闔閭時，破楚入郢，有大功。左傳於吳事最詳，其功灼灼如是，不應遺之也。葉正則曰『自周初至春秋，凡將兵者，必與聞國政，未有特將兵於外者；六國時此制始改。孫武於吳爲大將，乃不爲命卿，而左氏乃無傳可乎！』其言尤是。

一則篇數之不侔也。史遷稱孫子十三篇，而漢志有八十二篇，後應少於前，何以反多於前乎？杜牧注所傳者十三篇，後少於前矣，然何以又適符於前之前耶？杜牧謂武書數十萬言，魏武削其繁剩，筆其精粹，以成此書。然則仍是漢志之八十二篇，而非遷傳之十三篇矣。故曰可疑也。

梅聖俞亦嘗註是書，曰：『此戰國相傾之說也。』葉正則祖述之，爲說曰：『春秋末，戰國初，山林處士所爲。其言得用於吳者，其徒誇大之說也。……其言闔閭試以婦人，尤爲奇險不足信。』今姑存梅葉二君之說，以釋左傳不載之疑可也。

然則孫武者，其有耶？其無耶？其有之而不必如史遷之所云耶？其書自爲耶？抑其後之徒爲之耶？皆不可得而知也。若夫篇數，其果爲史遷之傳而非曹瞞之删，漢志八十二篇或反爲後人附益，劉歆、任宏輩不察而收之耶？則亦不可得

而知也，

他對於著者何人，對於篇數，仍舊沒有方法來解釋。茲以余所見，分爲下列數段討論之：

(二)篇數的疑問。 胡應麟少室山房筆叢卷二十七對於孫子的篇數有三種說法：

A.意十三篇者，如後世所稱卷軸，而八十二者，則其卷中之篇，卽始計用間之類是也，後人不解太史公所云。

B.或武書漢末篇次失亡，故止存十三篇以合於太史公，而八十二篇之舊，遂湮沒不可復覩。

C.抑曹公因太史公所云止存十三之目，餘盡芟輯以入新書歟！

胡應麟的第一說是不會通的；十三篇應該是包括在八十二篇之內。畢以珣孫子敍錄也說：

八十二篇者，其一爲十三篇，未見闔閭時所作，今所傳孫子兵法是也。其一爲問答若干篇，既見闔閭所作，卽諸傳記所引遺文是也。一爲八陣圖，鄭注周禮引之是也。一爲兵法雜占，太平御覽所引是也。外又有牝八變陣圖，戰鬬六甲兵法，俱見隋經籍志；又有三十二壘經，見唐藝文志。按漢志惟云八十二篇，而隋唐志於十三篇之外又有數種，可知其具在八十二篇之內也。

畢氏的解釋是對的。此外胡應麟所舉二三兩說，不過是『自然的亡逸』與『魏武的删削』的分別。倘使『亡』或『删』是對的，則今本已屬殘書，只存原本約七分之一了；倘使『删』是對的，用什麼標準去删呢？也成爲問題。所以我們不能不問爲什麼史記孫吳列傳稱十三篇，忽然一變而爲漢志的八十二篇，再變而又爲十三篇？孫子書究竟眞有幾篇？著者到底是何人？

（二）究竟原本有幾篇？　依我意見，原本孫子只有這十三篇而已。因爲從歷來各書所引孫子文句上去看，其間就有一個很大的區別，即：一、戰國策，呂氏春秋，淮南子，史記，太玄經等，凡可信爲先秦兩漢的書中所引的孫子的文句，都在今本的十三篇之中；二、其他如吳越春秋，通典，文選注，太平御覽等書所引，頗多十三篇外的逸文。

茲將畢以珣孫子敍錄所舉先秦兩漢各書中所引的孫子文句，均列於後：

戰國策孫臏曰：兵法百里而趨利者蹶上將；五十里走者軍半至。（語本孫子軍政篇）

又曰：馬陵道狹而旁多阻險，可伏兵。（語意本行軍篇）

又曰：攻其懈怠，出其不意。（語出計篇）

吳起曰：投之無所往，天下莫當。（語本九地篇）

又曰：凡過山川丘陵，亟行勿留。（語本行軍篇）

又曰：治寡如治衆。（語出勢篇）

又曰：以半擊倍，百戰不殆。（語意本謀攻篇）

又曰：必死則生，幸生則死。（語意本九變篇）

又曰：以近待遠，以佚待勞，以飽待飢。（語出軍爭篇）

又曰：夫鼙鼓金鐸所以威目，旌旗麾幟所以威耳。（語意本軍爭篇）

又曰：晝以旌旗旛幟爲節，夜以金鼓笳笛爲節。（語意本軍爭篇）

又曰：遇諸丘陵林谷深山大澤，疾行亟去，勿得從容。（語意本行軍篇）

又曰：敵若絕水半渡而擊之。（語出行軍篇）

又趙奢救閼與軍士許歷曰：先據北山者勝，後至者敗。（語意本地形篇）

尉繚子曰：守法一而當十。（語意本謀攻篇）

又曰：治兵者若祕於地，若邃於天。（語意本形篇）

鶡冠子曰：發如鏃矢，聲如雷霆。（語意本軍爭篇）

又曰：執急節短。（語出勢篇）

又曰：百戰而勝，非善之善者也；不戰而勝，善之善者也。（語本謀攻篇）

史記陳餘曰：吾聞兵法十則圍之，倍則戰之。（語出謀攻篇）

又黥布擊楚，或說楚將曰：兵法自戰其地爲散地。（語出九地篇）

又高帝遣劉敬視匈奴，劉敬曰：此必能而示之不能。（語出計篇）

又韓信曰：兵法不曰陷之死地而後生，置之亡地而後存乎？（語出九地篇）

呂氏春秋曰：若鷙鳥之擊也，搏攫則殪。（語出勢篇）

又曰：夫兵貴不可勝，不可勝在己，可勝在彼，聖人必在己者，不必在彼者。（語本形篇）

淮南子曰：高者爲生，下者爲死。（語本計篇及行軍篇）

又曰：同舟而濟於江，卒遇風波，捷捽抬杍船，若左右手。（語本九地篇）

又曰：主孰賢，將孰能。（語本計篇）

又曰：卒如雷霆，疾如風雨，若從地出，若從天下。（語本軍爭及形篇）

又曰：不襲堂堂之寇，不擊塡塡之旗。（語出軍爭篇）

又曰：勇者不得獨進，怯者不得獨退。（語出軍爭篇）

又曰：如決積水於千仞之隄，若轉員石於萬丈之谿。（語本勢篇）

又曰：是故令之以文，齊之以武，是謂必取。（語出行軍篇）

又曰：疾如彍弩，勢如發矢。（語本勢篇）

又曰：晝則多旌，夜則多火。（語本軍爭篇）

又曰：避實就虛，若驅羣羊。（語出勢篇及九地篇）

又曰：故曰，無恃其不吾奪也，恃吾不可奪。（語本九變篇）

又曰：飢者能食之，勞者能息之，有功者能得之。（語意本虛實篇）

潛夫論曰：將者民之司命，而國安危之主也。（語出作戰篇）

太玄經曰：卵破石碫。（語本勢篇）

又曰：其敗者非天之所災，將之過也。（語出地形篇）

又曰：將者智也，仁也，敬也，信也，勇也，嚴也。（語出計篇）

以上所引，皆在今十三篇中，或文句全同，或語意本之。所以畢以珣要說『孫子惟爲古書，故先秦兩漢多述其文，東漢以後諸傳記所徵引者，更不可以悉舉。』其他如太平御覽所引：

孫子曰：凡地多陷曲，曰天井。

孫子曰：三軍將行，其旌旗從容以向前，是爲天送，必亟擊之，得其大將；三軍將行，其旌旗埶然若雨，是爲天霑，其帥失；三軍將行，旍旗亂於上，東西南北無所主方，其軍不還；三軍將陣雨師，是爲浴師，勿用陣戰；三軍將戰，有雲其上而赤，勿用陣，先陣戰者，莫復其迹；三軍方行，大風飄起於軍前，右周絕軍，其將亡；右周中，其師得糧。

通典所引：

孫子曰：故曰，深草蓊穢者，所以逃遁也；深谷險阻者，所以止禦車騎也；隘塞山川者，所以少擊衆也；沛澤杳冥者，所以匿其形也。

孫子曰：強弱長短雜用。

孫子曰：遠則用弩，近則用兵，兵弩相解也。

孫子曰：以步兵十人，擊騎一匹。

文選注引：

孫子曰：人効死而士能用之，雖優游暇譽，令猶行也。

孫子曰：長陳爲甄。

孫子曰：其鎮如岳，其停如淵。

以上皆不見於今本十三篇中。此外吳越春秋、通典、太平御覽等書，還引了許多孫武對吳王問答的話，當然也不在今本十三篇中。

從先秦兩漢各書所引孫子文句都在今本十三篇中，漢後所引文句則有出於十三篇以外，這一點的區別上看，一方面固然可以看出今本十三篇與先秦兩漢人所見的眞本孫子相同，並非後世僞作；另一方面又可以看出孫子的篇數也僅有此十三篇而已，爲先秦兩漢時人所共信，而無有信其溢出於此十三篇之外者。

孫詒讓說：『呂氏春秋上德篇高誘注云：「孫武，吳王闔閭之將也，兵法五千言是也。」今宋本曹注孫子凡五千九百一十三字，高蓋舉成數言之。』漢代高誘所見的孫子，也只有此十三篇。

可見史記稱『孫子十三篇』，是孫子眞本僅有此十三篇，漢志的孫子篇數雖多，漢時人多不信之。

(三)作者爲孫臏。

史記所記孫武孫臏二人事跡，本來有含糊。孫吳列傳說：

孫子武者，齊人也，以兵法見於吳王闔廬，闔廬曰：『子之十三篇，吾盡觀之矣……』

則作孫子書者，明爲孫武，但孫吳列傳又云：

孫臏以此名顯天下，世傳其兵法。

則孫子兵法之作，又出於孫臏，而非孫武。史記自序又說：

孫子臏脚，而論兵法。

『臏脚』的孫子，當屬孫臏無疑；是亦謂孫子兵法作於孫臏。如是，作孫子十三篇的，究竟是孫臏呢？還是孫武？便不容易決定了。史記告訴我們作者的人名有二個，一個孫武在春秋時；一個孫臏在戰國時。就是司馬遷自己也不能決定究竟是誰。不過在這不能決定之間，我們倒可約略的斷定十三篇倘非出於孫武所作，必定就屬於孫臏所作，二人之中，必居其一。

向來以爲十三篇出於孫武作者，根據是非常薄弱。隋志的孫子是注明孫武的。漢志有吳孫子又有齊孫子，便不能斷定十三篇是吳國的孫武，還是齊國的孫臏。最早推源還是只有史記告訴我們『孫武……十三篇』的話作爲根據。其實仔細去看史記，既然孫武之外，尙有孫臏，便是最好的理由去懷疑孫子書非孫武作而實出於孫臏了。

再進一步，可以注意到史記所記的孫武孫臏，孰爲不可靠的傳說，孰爲可據的事實。史記記孫武只有見吳王闔廬的一段，以後再用寥寥幾句話，就把孫武一生輕輕了結。但其記孫臏，則與史記其他各篇列傳人物寫法相同，詳細記載他一生的事跡。最初事魏，後來客齊，爲威王師，大破梁軍，救韓勝魏。這在紀載的形式不同上，已可知記孫武只有一段，是容易僞造的傳說，記孫臏有多項的事實，便不容易僞造了。葉水心曰：『其言闔閭試以婦人，尤爲奇險不足信。』葉說誠然。這又是記載孫武的內容上完全近於傳說不足爲信。至於史記敍事來歷，則記孫臏的事實，多見於戰國策，而記孫武則別書上絕無可考。

所謂孫武，既爲傳說，則孫子這部書的作者，當爲孫臏無疑。作者爲戰國時候的孫臏，所以孫子書中頗有戰國時代的形跡可尋。例如：

一、梅聖俞曰『此戰國相傾之說也。』（見歐陽修孫子序引）

二、孫子作戰篇說『凡用兵之法，馳車千駟，革車千乘，帶甲十萬。』按春秋時用兵實在從未有興師十萬者，孫子這句話，當出自戰國時人所述的制度。這可以從呂氏春秋中證明的。呂氏春秋用民篇說：

闔廬之用兵也，不過三萬，吳起之用兵也，不過五萬，萬乘之國，其爲三萬五萬尙多。

可徵春秋時闔閭戰國初吳起的用兵，至多不過三萬五萬，已經算是最大的數目了。直至戰國時蘇張之徒，游說諸侯，盛稱諸國之兵，纔有『帶甲數十萬』之稱。知孫子稱『帶甲十萬』，必定是戰國時人的語氣。

（四）孫武爲僞託。　孫子書作者，應出孫臏；所謂孫武，全爲僞託之說。葉水心曰：

左氏無孫武。他書所有，左氏不必盡有，然潁考叔曹劌燭之武鱄諸之流，微賤暴用事，左氏未嘗遺，而武功名章灼若此，乃更闕；又同時伍員宰嚭一一銓次，乃獨不及武邪！

左傳無孫武，知本無其人，其出於後人僞說，當更顯然矣。

既然秦漢時人所見的孫子，只有十三篇，僅十三篇爲當時人所共信，而其他諸篇爲不可信。那末再可於十三篇外的佚文上去加以考察。從僞的部份中看出他如何纔構成這種僞書的。例如吳越春秋、通典、文選注、太平御覽等書所引佚文極多。但是在這些佚文中的記載，大致不外乎吳王與孫子二人問答的話。（參看畢以珣孫子敍錄所輯各條，茲不一一細引）這一層就很可注意。孫武見吳王的這件事，不就是根本不可信嗎！現在孫子書惟有十三篇爲可信，這可信的部份中，並沒有孫武見吳王的事實，僞託在裏面，此外不可信的部份中却很有記載到孫武吳王二人的問答了。從這二方面僞書跟僞事的現象合併起來看，則僞書之爲僞，正可因其中有僞事而多添一證明；而僞事之爲僞，亦可因其皆見於僞書中也同樣的多一證明了。由此看來當初所以要造僞書的用意無疑的不過想託之於時間較古的孫武罷了。

自從有了託古孫武的傳說之後，於是明明是戰國時孫臏的書，大家却都以爲是春秋時孫武的書了。史記之記孫武孫臏，恍惚其辭，不能明判誰是著書者，完全受了這種傳說影響之故。

（五）篇數的解釋。　原本孫子，司馬遷所見止有十三篇。到了漢志，就有吳孫子（武）八十二篇；齊孫子（臏）八十九篇。篇數如此激增，而且孫武孫臏二人，竟各自有書對立起來。可見託古孫武的傳說愈傳愈多，後人編集起來，把孫子書大大的增加內容篇幅，遂分成二本。

今傳本仍舊恢復到原本的十三篇。其間據杜牧說是經過了魏武的刪削，纔存此十三篇。他說：『孫武書數十萬言，魏武削其繁剩，筆其精粹，成此書。』其實魏武刪削說是靠不住。杜牧大概見了其時的魏武注僅有十三篇的注，而遂有此說。隋志孫子下云：

吳將孫武撰，魏武注，梁三卷。

云梁時有魏武注三卷者，知至隋志時魏武注已未必全存。新唐志仍從隋志作三卷。至宋郡齋讀書志記云：

魏武注孫子一卷。

可知魏武注之三卷，梁後已有亡佚，其行於隋唐宋間者，僅實存一卷耳。史記孫子吳起列傳正義說：

七錄云『孫子兵法三卷。案十三篇爲上卷，又有中下二卷。』

是隋唐宋間所行之魏武注號爲一卷者，其篇數皆當爲上卷之十三篇。因此杜牧僅見此十三篇的魏武注，遂容易誤認爲魏武當初也僅注一卷，而倡其『魏武刪削』之說了。可知杜牧此說，實無根據。並且不但魏武當初所注，梁後已有亡佚而已。孫子書的後世流傳，原也並不僅十三篇，唐宋間各書所引在十三篇外者很多，豈有眞被魏武刪削了之後，後人還能夠引到呢。宋太平御覽所引，或因類書性質，恐有因襲於前代故書之處，亦未可定；然唐代十三篇外的孫子尙有存在，這是可以斷言的。

孫子書的亡佚，僅存十三篇，應始於宋時，歐陽修說：

> 世所傳孫武十三篇。（孫子注序）

陳振孫直齋書錄解題說：

> 魏武削其繁冗，定爲十三篇。

這時候十三篇以外的，眞的亡了。原來漢志時的孫子，篇幅雖多，漢人已多不信；漢人引孫子，均在十三篇中，未嘗引其僞的部份；高誘稱孫子止五千言，亦但指十三篇。可見十三篇外的孫子是僞書，古人大抵早都知道，不必經過所謂刪削，自然會歸於漸漸除去的。畢以珣說：『杜牧以爲魏武筆削所成，誤已。』畢言是也。

十九年十月草于廈門。

（附記）

予草以上孫子十三篇作於孫臏考，竟得讀日人武內義雄孫子作者考一文，也主張作者爲孫臏，曾舉出三點理由，皆極確當。茲節錄其要於后：

隋唐志皆舉吳齊兩孫子之遺篇。就中吳孫子較爲明瞭，隋志有吳孫子牝八變圖二卷，新唐志有吳孫子三十二壘經一卷，而此二書之佚文援引於周官注與太平御覽，而非今之孫子，其文章亦與今之孫子不類。由是推之，今之孫子非孫武所著之書，爲其第一之理由。

載於戰國策孫臏之言，今之孫子書似之。例如：

兵法百里而趣利者，蹶上將；五十里走者軍半至。

此語與今之孫子軍爭篇『五十里而爭利則蹶上將』同。

馬陵道狹而旁多阻險，可伏兵。

此語與今之孫子行軍篇云『軍旁有險阻……此伏姦之所藏處』同意。

攻其懈怠，出其不意。

此語與今之孫子始計篇『攻其無備，出其不意』大同小異。

由是，今之孫子，疑其卽出於孫臏所作，是其第二之理由。

呂氏春秋不二篇云：『孫臏貴勢』，高誘注：『孫臏楚人，爲齊臣，作謀八十九篇，權之勢也。』高誘據漢志以齊孫子而注呂覽之語。今之孫子有貴勢篇，與呂覽所評孫臏之說相似；又與高誘所見齊孫子八十九篇之說符合。此今之孫子，推定其出於孫臏所作，是其第三之理由。（武內義雄原文見江俠庵譯先秦經籍考）

十四　司馬遷所見周官卽今王制考

史記封禪書稱引『周官』者凡二見，此實一疑問也。如依吾人通認周禮別稱『周官』而論，則史遷時豈非已有周禮之書乎。於是康有爲輩以周禮爲晚出僞書，非史遷所應見及，遂致疑封禪書所稱『周官』，係劉歆竄入。（見僞經考卷二史記經說足證僞經考。崔適說同，見史記探源）以余論之，康氏所疑，仍無徵信之價值，其失在於考之不詳。蓋史記所稱『周官』，固非指周禮；史遷當時專述官制之書當推文帝博士所著之王制；所指『周官』，實卽王制異稱耳。此可舉所引文句證實之。封禪書曰：

周官曰：『冬日至，祀天於南郊，迎長日之至；夏日至，祭地祇，皆用樂舞，而神乃可得而禮也。天子祭天下名山大川，五岳視三公，四瀆視諸侯，諸侯祭其疆內名山大川。』

而王制亦云：

春曰礿，夏曰禘，秋曰嘗，冬曰烝。天子祭天地，諸侯祭社稷，大夫祭五祀。天子祭天下名山大川，五嶽視三公，四瀆視諸侯，諸侯祭名山大川之在其地者。

二書文句相同，昭然可覩。封禪書所引『周官』，不見於今周禮，而見於王制。卽可證明史遷所謂『周官』，確指王制，灼然無疑。

但孫星衍云：

封禪書引周官曰：『冬日至，祀天於南郊，迎長日之至；夏日至，祭地祇皆用樂舞，而神乃可得而禮也。』司馬遷引周官，乃是郊特牲之文。（見問字堂集卷五六天及感生帝辨）

按孫說非是。郊特牲云：『天子適四方先柴，郊之祭也，迎長日之至。』孫氏徒見『迎長日之至』一語，遂謂封禪書引郊特牲文，不知同於郊特牲者僅此一語，不若與王制所同之多。此其一。封禪書引『周官』之前，尚有記載天子巡狩四方之文一段。此段雖曾見尚書堯典，然今王制中正亦有之。據此，前段引巡狩與王制同，後段引周官郊祭又同王制，封禪書前後文合觀，更可證明所引『周官』必屬王制無疑。此其二。封禪書又曰：『羣儒采封禪尚書周官王制之望祀射牛事。』此又可證所引『周官』確指王制。意謂羣儒言封禪巡狩，采自尚書；言周代官制中之望祀射牛事，則采自王制；蓋封建制度設官尊卑之差，若天子三公諸侯大夫，其四望所祀名山大川、五岳四瀆，亦各有異，即以王制所記爲據耳。惟射牛事今王制中不可見，殆已佚矣。然則史記此語所稱『封禪』非書名，實指尚書，且知『周官』之原亦非書名，而實指王制。此其三。

十五　漢文帝使博士諸生作王制考

王制一篇，史遷以爲漢文帝時博士諸生所作。史記封禪書曰：

文帝召魯人公孫臣拜爲博士，與諸生草改歷服色事。明年使博士諸生，刺六經中作王制。謀議巡狩封禪事。

此文帝十六年事。詔更以明年爲後元元年，則王制作期應在文帝十六年時。嗣後兩漢學者均無異議。後漢盧植云：『漢孝文帝令博士諸生作此王制之書。』（禮記目錄王制正義引，又經典釋文敍錄引同）王制正義引鄭玄駁五經異義云：『王制是孔子以後大賢所記先王之事。』『孔子後大賢』一語，範圍較廣，可上起孔門弟子，下迄鄭玄並時爲止。然正義引鄭目錄云：『名曰王制者，以其記先王班爵授祿祭祀養老之法度。此於別錄屬制度。王制之作，蓋在秦、漢之際。』云『秦、漢之際，』亦謂王制晚出，然則漢初文帝時作，當亦爲鄭玄所承認者。司馬遷、盧植、鄭玄皆漢代人，以漢人議漢事，語當可信。且校三家所斷時代皆同，亦不見復有其他相反之說；惟鄭主秦、漢之際，不明指文帝，似稍廣泛耳。故論王制作期在文帝之說，本極確鑿，絕無懷疑之餘地。（或謂王制孔子作，即春秋素王之制，晚世皮錫瑞持此說，幷謂六經皆孔子作，尤臆說無據。其經學通論云：『後人於周禮尊之太過，以爲周公手定；於王制抑之太過，以爲漢博士作；於是兩漢今古文家法大亂。』按盧植、鄭玄固崇古文，然史遷於今古均無偏重，盧、鄭於王制立說正同史遷，適足以見盧、鄭未嘗抑今文也）

史記封禪書索隱引劉向別錄（原作七錄，誤）云：

文帝所造書有本制、兵制、服制篇。

孫志祖據之而云：

文帝所造書有本制、兵制、服制篇。然則文帝之王制，非禮記之王制也。盧植以其書名偶同而誤牽合之爾。（讀書脞錄王制條）

臧庸云：

禮記王制祇有班爵祭祀養老之文，並無言服制、兵制者，則此非漢文帝時書審矣。（拜經日記王制條）

孫星衍云：

是漢文帝時別有王制，今禮記王制並無本制、兵制服制諸篇，何得謂之漢文帝時作。（平津館文稿卷上王制月令非秦漢人所撰辨）

陳壽祺云：

博士所作王制，或在藝文志禮家古封禪羣祀二十二篇中，非禮記王制也。

以上諸說，大致多同。用意所在，不外特為王制作期更推之古遠，以增價值耳。殆猶不免尊古賤今之見，豈足尚乎？況於劉向所記，亦不能見於禮記王制外，別有文帝時之王制。餘杭章先生云：

或言博士所作本制、兵制、服制諸篇，又有望祀射牛事，今本無之，是本二書也。不悟經師傳記，時有刪取其文，即今樂記，亦不及本數，則王制癒可知。（太炎文錄駁皮錫瑞三書）

觀此知孫志祖諸家所疑，皆未必有當矣。蓋今王制本文，恐已有删逸不完，亦未可知。惟以余考之，禮記王制但屬文帝所造之本制，而兵制、服制當別自有書。所謂兵制，應以司馬兵法屬之。（司馬兵法非古，司馬遷早有此疑。穰苴列傳云：『齊威王使大夫追論古者司馬兵法。』此以司馬兵法爲後人所追論而作。又云：『司馬兵法閎廓深遠，穰苴區區爲小國行師，何暇及司馬兵法之揖讓乎？』此並疑司馬兵法非出穰苴。則史遷已知此書晚出）所謂服制，應以春秋繁露中之服制、度制、爵國三篇屬之。（三篇內容相連，應併爲一，當出文帝博士所造，仲舒所採以錄入繁露中者）此皆論述古代制度之作，與王制體例相近，且與王制今說多合。例如司馬法云：

天子圍方百里，公侯十里，伯七里，子、男五里，皆取一也。（公羊傳成十八年注引疏云：『孟子云，司馬法亦云。』）

即據王制『天子之田方千里，公侯田方百里，伯七十里，子、男五十里』之語推演而說。司馬法又云：

圍其三面，開其一面，所以示生路也。（孫子軍爭篇注引司馬法）

與王制『天子不合圍』之語亦合。豈非同出文帝博士所造，故得有此相通乎？廖平今古學考云：『司馬法司馬主兵，王制之傳也。其言兵制出師與周禮不合，蓋全主王制也。』廖說所據，殆亦指此等耳。至於春秋繁露爲今文說薈粹之書，原無疑義，而服制、度制、爵國等篇與王制合者更多。試舉爵國一篇徵之。如云：

王者之後稱公，其餘大國稱侯，小國稱伯、子、男。（王制『王者之制祿爵，公、侯、伯、子、男凡五等。』）

公、侯百里，伯七十里，子、男五十里。（王制語同）

方一里而一井，一井九百畝。（王制『方一里者爲田九百畝。』）

三公、九卿、二十七大夫、八十一元士。（王制語同）

類此不煩細考，其文句同於王制，已顯然可覩。舉此數例，可證司馬法與繁露中服制諸篇，校其經說淵源，本皆符合王制，理宜同出一時所作。因知別錄所謂『文帝所造書有本制、兵制、服制』之語信非無據。王制既爲文帝時博士所造，則司馬法、及繁露中服制諸篇亦通王制，宜即文帝之兵制、服制，遂亦得以證明矣。

此外王制作於文帝之證，尚有數處可尋。王制云：

成獄辭，史以獄成告於正，正聽之。

鄭注云：『史司寇吏也。正於周鄉師之屬，今漢有正平，承秦所置。』鄭氏明言古代司寇之職，刑官無正；漢有正平，乃承秦所置耳。則知王制之正，即依據秦、漢時制度。此又王制作期應出漢初文帝之證。皮錫瑞駁鄭注云：『以正爲秦、漢官制，亦未必然。正長義同，尙書冏命序已有周太僕正；周禮有宮正；左氏傳有隧正、鄉正、校正、工正。又云：師不陵正。注云：正軍將命卿。安知古刑官無正。』（　學通論卷三論王制爲今文大宗即春秋素王之制）按皮氏徵舉古有正官，見書、禮、左傳者甚夥，恐鄭君未必悉不知見，則鄭自以漢代刑官之正，承秦所置，非一切皆謂正爲秦、漢官制也。王制又云：『大國三卿，皆命於天子。』鄭注云：『命於天子者，天子選用之，如今詔書除吏矣。』王制又云：『制國用。』鄭注云：『如今度支經用。』王制又云：『狄鞮。』鄭注云：『今冀部有言狄鞮者。』凡此皆鄭注已明言王制有漢制之證。王制又云：

古者以周尺八尺爲步，今以周尺六尺四寸爲步。古者百畝，當今東田百四十六畝三十步。古者百里，當今百二十一里六十步四尺二寸二分。

云『古者周尺，』以周代尺度稱爲古制，即知王制所述，本非周制；王制作期，定在周代以後，應出漢人所記無疑。王制又云：

凡執技以事上者，祝、史、射、御、醫、卜及百工。凡執技以事上者，不貳事，不移官，出鄉不與士齒。

周初祝、史，原占顯要淸高之地位。（尙書酒誥云：『矧太史友、內史友，越獻臣百宗工。』立政云：『周公若曰：太史司寇蘇公。』顧命云：『太保承介圭，太史秉書。』可見史官地位之崇，與其他大臣並列，常在帝王左右。）降及春秋、戰國，祝史地位並不減弱，卜筮方技而外，隱然仍操國家大政。（禮記玉藻：『動則左史書之，言則右史書之。』史官猶在帝王之側。楚語：『左史倚相廷見公子亹，公子亹不出，左史謗。』左傳：『陳公子完奔齊，周史筮之。』又云：『我太史也，實掌其祭。』是史官掌國之政治祭祀。）其後史官地位下降衰落，如王制之視爲『執技事上』，且使『不與士齒』者，蓋起於漢代。司馬遷報任安書云：『文史星歷，近乎卜祝之間，固主上所戲弄，倡優所畜，流俗所輕也。』此云『主上所戲弄，』即王制所謂『執技事上；』云『倡優所畜流俗所輕，』即王制所謂『不與士齒。』此時史官地位確已卑賤，淪爲方技曲藝。王制所述與史遷語氣一轍，皆漢時始有之事。則王制成書年代，必待漢初，亦可知矣。王制又云：

公、侯田方百里，伯七十里，子、男五十里。

王制此條與公羊傳相符。俞樾曰：『公羊傳桓十一年九月，鄭忽出奔衛，忽何以名？春秋伯、子、男一也，辭無所貶。何休曰：春秋改周之文，從殷之質，合伯、子、男爲一。而王制云：公、侯田方百里，伯七十里，子、男五十里。鄭注云：此地殷所因夏爵三等之制也。春秋變周之文，從殷之質，合伯、子、男以爲一，則殷爵三等者，公、侯、伯也。正義曰：何休之意，合伯、子、男爲一，皆從稱子；鄭意合伯、子、男爲一，皆稱伯也。夫鄭、何所說雖異，然春秋三等，王制亦三等，則其合者一。』（見達齋叢說王制說）王制又曰：

天子諸侯無事則歲三田。

王制此條與公羊傳亦符。俞樾曰：『公羊傳桓四年春公狩于郎，狩者何？田狩也。春曰苗，秋曰蒐，冬曰狩。穀梁傳則云：春曰田，夏曰苗，秋曰蒐，冬曰狩。何休曰：運斗樞曰：夏不田，穀梁有夏田於義為短，鄭康成釋之云：孔子雖有聖德，不敢顯然改先王之法，陰書於緯藏之以傳後王。穀梁四時田者近孔子故也。公羊正當六國之亡，纖緯見讀而傳為三時田。據此則三時田乃孔子所立素王之法，而王制曰天子諸侯無事則歲三田，其合又一。』（同上）公羊傳書亦晚出，漢景帝時始著於竹帛，而與王制制度符合，此必二書先後相去不遠，出於同一之時代思想，故得彼此相通。然則王制作於漢文帝時，於此又可證矣。王制不僅與公羊通，與漢初各書合者尚多。例如王制云：

天子三公、九卿、二十七大夫、八十一元士。

淮南子云：『故舉天下之高以為三公，一國之高以為九卿，一縣之高以為二十七大夫，一鄉之高，以為八十一元士。』尚書大傳云：『古者天子三公，每一公三卿佐之，每一卿三大夫佐之，每一大夫三元士佐之；故有三公、九卿、二十七大夫、八十一元士。所以為天下者若此而已。』（見陳壽祺尚書大傳輯校，袁鈞輯尚書大傳注）今尚書歐陽夏侯說：『天子三公，一曰司徒，二曰司馬，三曰司空，九卿，二十七大夫，八十一元士。』（見陳壽祺輯五經異義疏證）春秋繁露官制象天篇云：『王者制官，三公、九卿、二十七大夫、八十一元士，凡百二十人，而列臣備矣。』說苑臣術篇云：『湯問伊尹曰：古者所以立三公、九卿、大夫、列士何也？伊尹對曰：三公者，所以參五事也；九卿者，所以參三公也；大夫者，所以參九卿也；列士者，所以參大夫也。故參而有參，是謂事宗；事宗不失，外內若一。』禮記昏義云：『天子立六官，三公、九卿、二十七大夫、八十一元士。』此項官制組織，原屬王制思想上基本概念之一，而與漢初淮南子、尚書大傳、夏侯歐陽說、春秋繁露、說苑、昏義諸書相合，當出同一之思想系統無疑。然則王制此語，考其立說時代，度亦不能越此範圍，謂爲文帝博士所作，益可證矣。

十六　孟子王制所述制度相通之證

孟子書中所述制度，多為後世禮記王制所采據。此例極多。茲將二書內容檢校同異，分析條舉於下：

一、孟子公孫丑下曰：「不告於王而私與之吾子之祿爵……則可乎？」

按孟子謂祿爵不可私與，應出王者所制，則與王制「王者之制祿爵」語合。

二、孟子萬章下曰：「周室班爵祿……天子一位，公一位，侯一位，伯一位，子、男同一位，凡五等也。」

按此同王制所云「王者之制祿爵，公、侯、伯、子、男凡五等。」孟子云天子一位，而王制不數天子，然爵分公、侯、伯、子、男五等，孟子、王制所共同。

三、孟子萬章下曰：「君一位，卿一位，大夫一位，上士一位，中士一位，下士一位，凡六等。」

按此同王制所云「諸侯之上大夫卿，下大夫，上士，中士，下士，凡五等。」焦循孟子正義云：「王制五等，不連諸侯，孟子六等連君。不連君，猶不連天子也。」

四、孟子萬章下曰：「天子之制地方千里，公侯皆方百里，伯七十里，子、男五十里，凡四等。不能五十里，不達於天子，附於諸侯曰附庸。」

按此同王制所云「天子之田方千里，公侯田方百里，伯七十里，子、男五十里，不能五十里者，不合於天子，附於諸侯曰附庸。」

五、孟子萬章下云：『天子之卿，受地視侯；大夫受地視伯；元士受地視子男。』

按此同王制所云『天子之三公之田視公侯，天子之卿視伯，天子之大夫視子男，天子之元士視附庸。』

六、孟子萬章下曰：『耕者之所獲，一夫百畝，百畝之糞，上農夫食九人，上次食八人，中食七人，中次食六人，下食五人；庶人在官者，其祿以是為差。』

按此同王制所云『制農田百畝，百畝之分，上農夫食九人，其次食八人，其次食七人，其次食六人，下農夫食五人；庶人在官者，其祿以是為差也。』

七、孟子萬章下曰：『大國地方百里，君十卿祿，卿祿四大夫，大夫倍上士，上士倍中士，中士倍下士，下士與庶人在官者同祿，祿足以代其耕也。』

按此同王制所云、『諸侯之下士，視上農夫，祿足以代其耕也。中士倍下士，上士倍中士，下大夫倍上士，卿四大夫祿，君十卿祿。』又同王制所云『諸侯之下士，祿食九人；中士食十八人；上士食三十六人；下大夫食七十二人；卿食二百八十八人，君食二千八百八十人。』

八、孟子萬章下曰：『次國地方七十里，君十卿祿，卿祿三大夫，大夫倍上士，上士倍中士，中士倍下士，下士與庶人在官者同祿，祿足以代其耕也。』

按此同王制所云『次國之卿，三大夫祿，君十卿祿。』又同王制所云『次國之卿，食二百一十六人，君食二千一百六十人。』

九、孟子萬章下曰：『小國地方五十里，君十卿祿，卿祿二大夫，大夫倍上士，上士倍中士，中士倍下士，下士與庶人在官者同祿，祿足以代其耕也。』

按此同王制所云『小國之卿，倍大夫祿，君十卿祿。』又同王制所云『小國之卿，食百四十四人，君食千四百四十人。』

十、孟子告子下曰：『夫子在三卿之中。』

按此時孟子在齊，齊大國有三卿，則與王制所云『大國三卿』之語亦合。

十一、孟子梁惠王上曰：『海內之地，方千里者九。齊集有其一，以一服八，何以異於鄒敵楚哉？』

按此同王制所云『凡四海之內九州，州方千里。』

十二、孟子告子下曰：『三不朝則六師移之。是故天子討而不伐，諸侯伐而不討。』

按天子稱討，諸侯稱伐，則與王制『畔者君討』語亦合。

十三、孟子告子下曰：『土地辟，田野治，養老尊賢，俊傑在位，則有慶，慶以地。土地荒蕪，遺老失賢，掊克在位，則有讓，一不朝則貶其爵，再不朝則削其地。』

按王制云『有功德於民者，加地進律。』王制『加地』即孟子所謂『慶以地。』又王制云：『諸侯之有功者，取於閒田以祿之，其有削地者歸之閒田。』王制『取閒田以祿之』，亦孟子『慶以地』之意。王制『削地』語亦本於孟子。

十四、孟子梁惠王上曰：『斧斤以時入山林，材木不可勝用也。』

按此同王制所云『草木零落，然後入山林。』

十五、孟子滕文公下曰：『惟士無田，則亦不祭。』

按此同王制所云『有田則祭，無田則薦。』

十六、孟子梁惠王上曰：『王坐於堂上，有牽牛而過堂下者，王見之，曰：牛何之？對曰：將以釁鐘。王曰：舍之。……對曰：然則廢釁鐘與？曰：何可廢也，以羊易之。』

按此殆王制『諸侯無故不殺牛，大夫無故不殺羊，士無故不殺犬豕，庶人無故不食珍』之語所本。

十七、孟子公孫丑上曰：『市廛而不征，法而不廛，則天下之商皆悅而願藏於其市矣。關譏而不征，則天下之旅皆悅而願出於其路矣。耕者助而不稅，則天下之農皆悅而願耕於其野矣。』

按此同王制所云『古者，公田藉而不稅，市廛而不稅，關譏而不征。』

十八、孟子滕文公上曰：『夏后氏五十而貢，殷人七十而助，周人百畝而徹，其實皆什一也。徹者徹也，助者藉也。』又曰：『詩云：雨我公田，遂及我私。惟助為有公田。由此觀之，雖周亦助也。』

按此同王制所云『古者公田藉而不稅。』

十九、孟子梁惠王上曰：『昔者文王之治岐也，耕者九一，仕者世祿，關市譏而不征，澤梁無禁。』

按『耕者九一』，即『殷人七十而助，周人百畝而徹，其實皆什一』之意。孟子此段，全同王制所云『古者，公田藉而不稅，市廛而不稅，關譏而不征，林麓川澤以時入而不禁。』又王制云：『然後虞人入澤梁，』語亦本孟子。

二十、孟子滕文公上曰：『請野，九一而助，國中什一使自賦。卿以下必有圭田，圭田五十畝，餘夫二十五畝。』

按趙岐注謂『圭田所以共祭祀；圭，絜也。』圭田不出征賦，則孟子此段即爲王制『夫圭田無征』之語所本。

二十一、孟子滕文公上曰：『以粟易械器者不爲厲陶冶；陶冶亦以其械器易粟者，豈爲厲農夫哉？』

按此殆亦王制『器械異制』之語所本。

二十二、孟子離婁下曰：『君子平其政。』

按此同王制所云『齊其政不易其宜。』

二十三、孟子滕文公上曰：『南蠻鴃舌之人。』

按此同王制所云『南方曰蠻。』

二十四、孟子梁惠王下曰：『左右皆曰賢，未可也；諸大夫皆曰賢，未可也；國人皆曰賢，然後察之，見賢焉，然後用之。左右皆曰不可，勿聽；諸大夫皆曰不可，勿聽；國人皆曰不可，然後察之，見不可焉，然後去之。左右皆曰可殺，勿聽；諸大夫皆曰可殺，勿聽；國人皆曰可殺，然後察之，見可殺焉，然後察之。』

按此同王制所云『司寇正刑明辟，以聽獄訟，必三刺。疑獄，汜與衆共之，衆疑，赦之，必察大小之比以成之。』鄭注『三刺』云：『以求民情，斷其獄訟之中。一曰訊羣臣，二曰訊羣吏，三曰訊萬民。』鄭注係據周禮小司寇文補王制義。然則王制『三刺』即『羣臣，羣吏，萬民，』原出孟子所謂『左右，諸大夫，國人』者，更可見矣。王制『汜與衆共之，』

即孟子『國人皆曰不可，』『國人皆曰可殺。』王制『必察大小之比以成之，』即孟子『然後察之。』王制文義采自孟子，語句相符之跡甚顯。（尙書呂刑『簡孚有衆，』雖同王制『與衆共之。』然謂王制采呂刑，不如謂采孟子爲當。）

二十五、孟子告子下曰：『軻也請無問其詳，願聞其旨。』

按此同王制所云『有旨無簡不聽。』尙書呂刑『無簡不聽，』語亦同王制；然王制稱『有旨，』當本孟子『願聞其旨』語而來。（由此推尋王制原義，殆屬采取呂刑之語，而復誤解鄭注王制訓『簡誠也，』此實呂刑本義而王制作者，誤爲詳簡之簡，更以附會孟子，於是孟子『請無問其詳，願聞其旨』語遂成王制『有旨無簡不聽』矣。）

二十六、孟子盡心上曰：『所謂西伯善養老者，制其田里，敎之樹畜，導其妻子使養其老……文王之民無凍餒之老者。』

按此殆王制養老之語所本。王制云：『五十養於鄉，六十養於國，七十養於學，達於諸侯。』王制又云：『有虞氏皇而祭，深衣而養老；夏后氏收而祭，燕衣而養老；殷人冔而祭，縞衣而養老；周人冕而祭，玄衣而養老。凡三王養老皆引年。』

二十七、孟子梁惠王上曰：『五畝之宅，樹之以桑，五十者可以衣帛矣。雞豚狗彘之畜，無失其時，七十者可以食肉矣……老者衣帛食肉。』

按此殆亦王制『五十始衰，六十非肉不飽，七十非帛不煖』之語所本。

二十八、孟子公孫丑下曰：『孟子致爲臣而歸。』

按趙注：『辭齊卿而歸其室也。』孟子去齊，已年過七十，詳宋翔鳳過庭錄論孟子去齊年歲。則與王制『七十致政』之語亦合。

二十九、孟子梁惠王上曰：『謹庠序之教，申之以孝悌之義。』滕文公上曰：『設為庠序學校以教之庠者養也，校者教也，序者射也。夏曰校，殷曰序，周曰庠，學則三代共之，皆所以明人倫也。』

按王制庠序學校之教，似亦承襲孟子此段而來。王制云：『有虞氏養國老於上庠，養庶老於下庠；夏后氏養國老於東序，養庶老於西序；殷人養國老於右學，養庶老於左學；周人養國老於東膠，養庶老於虞庠，虞庠在國之西郊。』孟子『庠者養也，』故王制謂養國老於庠序學校。

三十、孟子梁惠王下曰：『老而無妻曰鰥，老而無夫曰寡，老而無子曰獨，幼而無父曰孤。此四者，天下之窮民而無告者，文王發政施仁，必先斯四者。』

按此同王制所云『少而無父者謂之孤；老而無子者謂之獨；老而無妻者謂之矜；老而無夫者謂之寡。此四者，天民之窮而無告者，皆有常餼。』

三十一、孟子滕文公上曰：『何為紛紛然與百工交易？……曰：百工之事，固不可耕且為也。然則治天下獨可耕且為與？』

按許行主與民並耕而食，信如其說，將致百工盡廢，故孟子駁之。此即為王制『百工各以其器食之』之語所本。

三十二、孟子公孫丑下曰：『天下有達尊三，爵一，齒一，德一。……鄉黨莫如齒。』

按王制云：『父之齒隨行，兄之齒鴈行。』又云：『習鄉上齒。』此即孟子『鄉黨莫如齒』之意。鄭注王制亦云：『於其鄉中則齒。』

三十三、孟子梁惠王上曰：『頒白者不負戴於道路矣。』

按此同王制所云『道路，男子由右，婦人由左，車從中央。輕任幷，重任分，斑白者不提挈。』

三十四、孟子滕文公上曰：『方里而井，井九百畝，其中爲公田。八家皆私百畝，同養公田。』

按此同王制所云『方一里者，爲田九百畝。方十里者，爲方一里者百，爲田九萬畝。方百里者，爲方十里者百，爲田九十億畝。方千里者，爲方百里者百，爲田九萬億畝。』

以上凡三十四條，皆孟子王制相通之證。二書既密合如此，則年代孰先孰後？今按王制多稱『古者，』如云『古者公田藉而不稅』『古者以周尺八尺爲步』皆是。知所稱述原多稽考古說；以此爲例，當係王制晚出采據孟子無疑。鄭康成答臨碩難禮云：『孟子當赧王之際；王制之作，復在其後。』（禮記王制正義引）鄭氏殆因孟子與王制相通，故舉以比擬；更謂孟子時代較早，王制之作在後，其說亦然。然則舊說王制文帝時博士所作，於此益可徵信矣。文帝時申公、韓嬰俱以詩爲博士，五經列於學官，唯詩而已。至諸子傳記，則又廣置博士。漢書劉歆傳謂：『孝文皇帝時，天下衆書往往頗出，皆諸子傳記，猶廣立學官，爲置博士。』趙岐孟子題辭亦云：『孝文皇帝欲廣遊學之路，論語、孝經、孟子、爾雅，皆置博士。』可徵文帝時孟子已置博士，而王制卽作於文帝博士，是故王制所述制度，遂多采據孟子矣。

十七　王制尺度田畝之解釋

王制云：

古者以周尺八尺為步，今以周尺六尺四寸為步；古者百畝，當今東田百四十六畝三十步；古者百里，當今百二十一里六十步四尺二寸二分。

既稱周制為古，即知王制所述必非周制，當為漢制。明於王制作於漢代，而後周末漢初尺度田畝制度變遷之比例相差，始有得以窺見者。然而王制此段，歷來舊注皆未達其義。鄭玄注云：

周尺之數，未詳聞也。按禮制，周猶以十寸為尺，蓋六國時多變亂法度，或言周尺八寸，則步更為八八六十四寸，以此計之，古者百畝，當今百五十六畝二十五步；古者百里，當今百二十五里。

云『周尺之數，未詳聞也。』知鄭玄雖處東漢末，上距周代未遠，於周代尺度長短之制，史料已嫌不足。云『六國多變亂法度，』蓋於周制究係十寸為尺，抑八寸為尺，亦未能確知。是以鄭氏所計答案，較之王制所述，相去仍大，不能符合。（王制『當今東田百四十六畝三十步』，鄭云『當今百五十六畝二十五步』，與王制不相應）唐孔穎達作疏，例不破注，未嘗更有明確之解釋。清陳懋齡經書算學天文考，有禮記王制開方考一篇，明白易曉，足訂孔疏之略。然所推算，特理通鄭氏之注，於王制本文，仍未得其實。（萬斯大禮記偶箋，知鄭注與經文不合，但謂『經文有誤，鄭注為是，』是又曲護鄭注矣。李惇羣經識小周尺條，釋亦未當）孫星衍云：

今按所得周器量而知之，大氐一尺當漢建安銅尺之八寸，今尺之五寸强。此篇云以六尺四寸當周之八尺，計其時一尺之六寸四分當周尺之一尺，則尺度又小於漢時矣。（平津館文稿卷上王制月令非秦漢人所撰辨。建安銅尺當係建初銅尺之誤）

孫說亦非。蓋如孫氏所稱王制以『漢之六尺四寸當周之八尺』，據此推算，漢時一尺之六寸四分，理應等於周之八寸，安得如孫氏所謂『當周尺之一尺』乎？依此比例，更爲推算，則漢時之八寸豈不又應等於周尺之一尺乎？然則王制所記漢初尺度長短，正與漢建初銅尺之長度約略相等。所謂以周器量之，周器一尺大氐當建初銅尺八寸者，此項比例，乃與王制所記周漢尺度之比例互相符合。安得如孫氏結論所謂『小於漢時』者乎。不過孫氏致誤之處，尚不止及彼實未明周漢尺度長短相異之外，其每步分爲若干尺之制度上變遷，亦復有異。因於王制語句原義，自亦未能明瞭，種種詮釋，遂皆陷於推理上成爲誤解。今更不嫌辭費，重爲布算如後。

考周代制度，規定每以八尺爲步；（王制『古者以周尺八尺爲步』之語，卽可爲證）漢代制度則規定每以五尺爲步。周漢二代每步所分尺數，原已不同。自漢以後，迄於近世，沿用五尺爲步之制度，從無更改。（漢後每尺長短，歷代稍有變遷，惟制度上五尺爲步，十寸爲尺，無變）然則王制『今以周尺六尺四寸爲步』之語，卽知原意必謂『周尺之六尺四寸，等於漢時之五尺』耳。此與孫星衍稱『以六尺四寸當周之八尺』之解釋，全異。故如孫氏計算漢尺長短，其結果非爲究竟可靠者，卽因孫氏解釋王制語句，先已不確之故。今既估定王制原義，知其實謂『周之六尺四寸卽漢之五尺』，則應有之答案，卽爲周尺之一尺應等於漢尺之七寸八分一厘餘。（五尺除以六·四尺等於·七八一餘尺）

雖然，此七寸八分一厘餘之答案，其推算之理論未誤，而其結果答案仍不得謂爲十分可靠，蓋此係根據大略之數目中所求得者。王制原意『周尺之六尺四寸，等於漢時之五尺』此僅就五尺之整數大略言之，或五尺有餘，或五尺不足，稍有參差，尚未可知，是故吾人倘欲求其精密，當別闢途徑，更從詳細之數目中求之。如據王制所云『古者百里，當今百二十一里六十步四尺二寸二分』之語，以稽考推算，庶幾答案當更精確可據。

考後世一里分三百六十步，而在先秦兩漢時制度，每里均只分三百步。王制云：『方一里者，爲田九百畝。』古者百步爲畝，一畝等於一百方步，則一畝邊長十步，九百畝邊長三百步，九百畝爲一方里，故知其邊長一里爲三百步也。孟子滕文公上篇所記同。大戴記王言篇亦云：『三百步而里。』韓詩外傳卷四：『長三百步爲一里。』穀梁宣十五年傳：『古者三百步爲里。』均可證明。漢制既一里三百步，一步五尺，則王制所記漢一百二十一里六十步四尺二寸二分，即應等於漢一八一八零四·二二尺。此項尺數，即屬周百里等於漢之尺數。故周一里等於漢一八一八·零四二二尺。周制一里亦分三百步，故周一步等於漢六·零六……尺，周制一步分八尺，故周一尺等於漢七·五七五……寸。此實王制時尺度與周代尺度之間，最嚴密準確之比例矣。較前所得七寸八分一厘餘之答案，尤爲可靠。

尺度比例既明，然後王制『古者百畝，當今東田一百四十六畝三十步』之語，始得進一步而爲會通之解釋。既知周一步等於漢六·零六尺，則周一方步應等於漢三六·七二三六方尺；周一畝爲百方步，應等於漢三六七二·三六方尺；周百畝亦應等於漢三六七二三六方尺。

漢代制度，每步分爲五尺，一方步即爲二十五方尺。則此漢三六七二三六方尺，即應等於漢一四六八九方步十一方尺。王制既特稱『東田』以別於其時通常之田制，『東田』制度必仍沿襲古制，每一畝仍當爲百方步。(註)則此之數，亦卽等於漢一百四十六畝八十九方步十一方尺也。

(註)古者百步爲畝，或云漢始改二百四十步爲畝，見漢書食貨志及鹽鐵論未通篇。然通典謂『商鞅佐秦，以爲地利不盡，更以二百四十步爲畝』，則此改制不始於漢。通典之說，蓋本於秦本紀『商鞅開阡陌東地渡洛』而言，其說似屬可信。王制云東田，卽對西土秦而稱，則知其時西土之田，承秦之制，改以二百四十步爲畝；而東土之田，未經秦改，沿襲周制，仍以百步爲畝也。古代東西兩土制度，每多互異，此其一端耳。至於東土之田，後亦盡改二百四十步爲畝，則起於漢武帝時；前此文帝時作王制，尙未改也。癸巳類稿卷四王制東田名制解義條云：『東田之改，在漢武帝時。漢書食貨志云：「武帝末年，詔曰十二夫爲田一井一屋，故畝五頃。」案井九百畝，屋三百畝，以千二百畝改五頃，是畝二百四十步也。桓寬鹽鐵論云：「先帝制田二百四十步而一畝。」論作於昭帝時，知制田指武帝也。』

以上推算，知周代田制百畝，應等於漢文帝時制度一百四十六畝八十九步十一方尺。此項數目，與王制所述，雖未必零數上亦十分密合，(王制『三十步』，而此零數爲『八十九方步十一方尺』)而其整數之『一百四十六畝』則全相符合。王制記載尺度田畝，亦惟如是推算，庶幾可通；事實上已不復另有其他可以解釋之途徑矣。

漢前尺度田畝，長短廣闊之度，本已無從考徵。蓋一則周尺之實物材料，均已亡佚，漢尺亦惟劉歆銅斛尺及後漢建初銅尺今存耳。二則文獻上亦無充分之記載，可資憑藉考證。然此與古代社會生計關係最密，凡度量制度有變遷，恆與民生日用相繫，要亦讀史者所不可忽焉。茲據王制此段鉤稽論證，其可得之結論當如下：

一、周漢尺度比例如下：

周末一尺等於漢文帝時七寸五分七釐五餘。周尺小於漢尺。

周百畝等於漢文帝時一百四十六畝八十九方步十一方尺。周畝大於漢畝。

周百里等於漢文帝時一百二十一里六十步四尺二寸二分。周里大於漢里。

二、周漢制度相異如下：

周代八尺爲步漢代五尺爲步。

周代一里三百步漢代一百亦三百步；近代制度一里三百六十步。

周代至漢初文帝時均百方步爲畝；武帝以後改二百四十步爲畝。

據王國維記現存歷代尺度（見觀堂集林卷十九）一文所述：

一、劉歆銅斛尺（長工部營造尺七寸二分九英寸又十二分之一。）

二、漢牙尺（拓本長工部營造尺七寸二分六釐九英寸又五分之一。）

三、後漢建初銅尺（長工部營造尺七寸三分七釐九英寸又二十四分之七。）

此三種漢尺惟漢牙尺年代不可詳考。其第一種劉歆銅斛尺爲新莽時器，第三種後漢建初銅尺爲章帝時器。今假定劉歆銅斛尺爲新莽建國元年（西曆九年）所製；後漢建初銅尺爲建初元年（西曆七十六年）所製。二者相距爲六十七年，其尺度之增益爲一分七釐。夫西漢年代，尺度有無逐時增益，固不可知，若以前所論證王制周尺亦小於漢尺而論，則似尺度之代有增益，殆已無論古今，已成定律矣。至其增加之速度，雖亦無可懸擬，若以建國元年至建初元年凡六十七年，而其尺度之增益凡一分七釐，據此為增加速度之比率，則王制作期在文帝十六年（西曆紀元前一六四年）前於建國元年，凡一百七十三年，此一百七十三年之中尺度增益應有四分四釐弱。其算式如下：

$67:173=1.7:x \qquad x=4.389$

建國元年一尺，當今營造尺既為七寸二分；再減四分四釐弱，則文帝時一尺，當今營造尺六寸七分六釐強。又知周末一尺等於漢文帝時七寸五分七釐五餘，然則周末之一尺，當今之營造尺為五寸一分二釐零七。其算式當如下：

$10:7.575=6.76:x \qquad x=5.1207$

惟尺之短長，乃人所為，與自然殊科；或增或減，不能衡以定律。故此段以歷年之長短定尺度增益之多少，求其速度比率，而列式計算之答案，乃設為假定而推想所得，尚未可視為完全準確之數目耳。

二十七年十一月二十五日於上海。

十八　董仲舒的著作與春秋繁露

史記儒林列傳說：

董仲舒，廣川人也。以治春秋，孝景時爲博士。下帷講誦，弟子傳以久次相受業，或莫見其面。蓋三年董仲舒不觀於舍園，其精如此。進退容止，非禮不行，學士皆師尊之。今上卽位，爲江都相。以春秋災異之變，推陰陽所以錯行，故求雨，閉諸陽，縱諸陰；其止雨反是。行之一國，未嘗不得所欲。中廢爲中大夫，居舍，著災異之記。是時遼東高廟災，主父偃疾之，取其書奏之天子。天子召諸生示其書，有刺譏。董仲舒弟子呂步舒，不知其師書，以爲下愚，於是下董仲舒吏，當死，詔赦之。於是董仲舒竟不敢復言災異。……終不治產業，以修學著書爲事。故漢興至於五世之間，唯董仲舒名爲明於春秋，其傳公羊氏也。

史記云『終不治產業，以修學著書爲務。』大概董仲舒的著作一定很多。至今傳本僅存一部春秋繁露，共十七卷。不過春秋繁露的名稱，史記中却沒有提起過，漢書藝文志也並沒有著錄過，牠的眞僞，很有討論的必要。陳振孫書錄解題也說：『仲舒生平所著，如玉杯、繁露、清明、竹林之類，其泯沒不存者多矣。所傳繁露，亦非本眞也。』

漢書藝文志中關於董仲舒的著作共有二種：

一、六藝略春秋類有公羊董仲舒治獄十六篇；

二、諸子略儒家類有董仲舒百二十三篇。

按後漢書應劭傳說：

董仲舒作春秋決獄二百三十二事。

『二百三十二』與『百二十三』二個數目之間極易譌誤；應劭傳的春秋決獄二百三十二事，應當就是漢志的董仲舒百二十三篇之譌無疑了。如是，根據應劭傳又稱牠作『春秋決獄』看來則知此書名稱實在有二個：——一稱董仲舒，如漢志；又稱春秋決獄，如應劭傳實即同一之書的二樣稱呼。因此我們更可以推想到另外一種的假設；就是漢志春秋類的公羊董仲舒治獄十六篇與儒家類的董仲舒百二十三篇，名稱雖似不同，實際上也就是同一之書。因為儒家的董仲舒原來也可以另稱為春秋決獄的緣故，春秋決獄不是顯然的等於所謂公羊治獄嗎？篇數上多少雖不相等，或者十六篇的治獄是包括在百二十三篇的董仲舒之中，亦未可知。

漢書董仲舒傳說：

仲舒所著，皆明經術之意，及上疏條教，凡百二十三篇，而說春秋事得失聞舉玉杯蕃露清明竹林之屬，復數十篇，十餘萬言。

這裏可以看出：

(一)本傳所稱百二十三篇，就是漢志儒家董仲舒百二十三篇。其內容一部份屬於『明經術之事，』一部份屬於『上疏條教，』決不與今本春秋繁露的內容相類。

(二)仲舒所著除百二十三篇之外，更有數十篇；而繁露的名稱，僅為數十篇之一。

（三）如是可知董仲舒所著書實有二組：一、漢志上說他有百二十三篇（應劭傳春秋決獄百二十三事，卽此書之異稱；漢志公羊董仲舒治獄十六篇，亦已包括在內。）二、從仲舒本傳上更知除此書之外還有聞舉，玉杯，蕃露，清明，竹林之屬復數十篇。

這董仲舒所著的百二十三篇，既不是今本的春秋繁露，現在早已亡佚了。像仲舒本傳所錄賢良三策等，正合所謂『上疏條教，』原來當在其內的。現在輯本所見，如黃奭（漢學堂叢書，）洪頤煊（經典集林）諸家輯到的材料，大約原來都屬於董仲舒百二十三篇中的內容。

春秋繁露十七卷，最早著錄見於隋書經籍志。這十七卷，我以為就是漢代董仲舒百二十三篇之外的數十篇，後人把牠集合起來，釐定為十七卷，題名為春秋繁露（傳到現在，有十七卷八十二篇。）仲舒本傳稱這數十篇內容為『說春秋事得失，』顯然和今本春秋繁露中敷說春秋大義得失的性質相等。所以有人以春秋繁露的名稱與本書內容不符為疑，這是確實的，因為繁露僅屬這數十篇的篇名之一，本來不是他的原名。史記稱他是『災異之記。』論衡實知篇說：『江都相董仲舒論思春秋造著傳記。』又對作篇說：『董仲舒作道術之書，頗言災異政治所失，書成文具，表在漢室。』所謂『災異之記，』『論思春秋造著傳記』及『道術之書』云云，顧名思義，想必同指今本的春秋繁露。同是指這幾十篇，而史記論衡稱法卽各不同，大概這幾十篇原來很零雜，沒有一定的書名，所以大家都含糊的稱牠。這幾十篇書是有的，書名却沒有，所以漢志上只有他的董仲舒百二十三篇和治獄十六篇，此外的數十篇就不再著錄了。仲舒本傳上也只能稱『聞舉，玉杯，……之屬，』而不能確實指出某某書名了。如是可知春秋繁露的名稱固是後起，卽稱之為『災異之記，』為『傳記，』

為『道術之書，』亦屬隨便的稱法，未必是準確的書名，最初根本還是沒有書名的

春秋繁露之見於著錄，始於隋志。但這名稱起源究竟始於何時？西京雜記說：

> 董仲舒夢蛟龍入懷，乃作春秋繁露。

說董仲舒當時已經自稱所著為春秋繁露，當然不可信從的。但是至少西京雜記時候已經有春秋繁露的名稱了。西京雜記的著者為誰？頗不容易定奪。有人懷疑並非葛洪所撰，大致據酉陽雜俎述庾信語指為梁代吳均所著，當屬可信。這樣，將此數十篇編集起來而題以春秋繁露的名稱，當在自漢王充班固以後至梁吳均以前的這個時期中。

明胡應麟少室山房筆叢說：

> 劉氏七略春秋類，惟公羊治獄十六篇稱仲舒，而絕無繁露之目，隋經籍志始有之，或以即公羊治獄十六篇，非也。余讀漢藝文志儒家有仲舒百二十三篇，而東漢志不可考，隋志西京諸子，凡賈誼，桓寬，楊雄，劉向，篇帙往往具存，獨仲舒百二十三篇，略不著錄，而春秋類特出繁露一十七篇，今讀其書，為春秋發者，僅僅十之四五，自餘王道，天道，天容，天辨等章，率泛論性術治體，至其他陰陽五行診勝生克之談，尤衆，皆與春秋大不相蒙，蓋不特繁露冠篇為可疑，併所命春秋之名，亦匪實錄也。余意此八十二篇之文，即漢志儒家百二十三篇者。仲舒之學，究極天人，且好明災異，據諸篇見解，其為董氏居然，必東京而後，章次殘缺，好事者因以公羊治獄十六篇合於此書，又妄取班氏所記繁露之稱繫之，而儒家之董子，世遂無知者。後人既不察百二十三篇所以亡，又不深究八十二篇所從出，徒紛紛聚訟篇目間，故咸失之。當析其論春秋者，復其名曰董子可也。

胡氏之說，茲分五點批評之：

(一)胡氏以今本春秋繁露並非漢志春秋類的公羊董仲舒治獄十六篇，這一層我是贊成的。

(二)以春秋繁露爲卽漢志儒家類的董仲舒百二十三篇，這一層我不以爲然。因爲這百二十三篇的內容，據仲舒本傳上說是一部份屬於『明經術之事，』一部屬於『上疏條敎，』與今本春秋繁露的內容似不相稱，那裏會是一書呢？況且仲舒本傳明說百二十三篇之外復有數十篇，這數十篇的內容是『說春秋事得失，』倒像今本的春秋繁露了，繁露的名稱亦爲這數十篇中的篇名之一。凡史記所說『災異之記，』論衡所謂『傳記』『道術之書，』都指這『說春秋事得失』的數十篇，也就指今本的春秋繁露。

(三)胡氏又以爲董仲舒百二十三篇『東京以後，章次殘缺，好事者因以公羊治獄十六篇，合於此書，又妄取班氏所記繁露之稱繫之。』這一點他似乎分析今本春秋繁露的來源，進一步肯定今本春秋繁露爲董仲舒百二十三篇與十六篇公羊董仲舒治獄的混合物，其實也並不確。上面我根據後漢書應劭傳的話，知道公羊治獄十六篇實已包括在董仲舒百二十三篇中而爲一書，那末今本春秋繁露並非漢代的董仲舒百二十三篇，更非公羊治獄十六篇了。

(四)胡氏說：『不特繁露冠篇爲可疑，併所命春秋之名，亦匪實錄也。』這一層在漢書仲舒本傳上原說百二十三篇之外，復有數十篇，而繁露僅居其一。以春秋繁露爲此數十篇的總名，當然出於後人所定，照理這名稱是不符的。

(五)因春秋繁露名稱的不符，胡氏就想把牠改稱爲董子。此層大謬。漢志諸子略儒家有董子一篇，這位姓董的是董無心，並非董仲舒。董仲舒著書，他自己是不稱子的，論衡超奇篇說：『董仲舒著書不稱子者，意殆自謂過諸子也』可證。（譚

復堂半厂叢書二編擬目有『董子重定本，』稱春秋繁露爲董子，猶沿胡氏之誤）

據上推論，則春秋繁露一書在董仲舒所著各書中之位置應屬那一部份，可以明白了。同時，春秋繁露中也找不出任何僞證，所以此書可認爲出於仲舒，不用懷疑。

二十年一月。

十九　李育公羊義四十一事輯證

後漢書李育傳云：『嘗讀左氏傳，以爲前世陳元范升之徒，更相非折，而多引圖讖，不據理體，於是作難左氏義四十一事。建初四年詔與諸儒論五經於白虎觀，育以公羊義難賈逵，往返皆有理證，最爲通儒。』知李育曾參議白虎觀，有公羊義四十一事之作，則李育之說，必存於今白虎通義中無疑。而李育之大義，據後漢書何休傳所云，實爲何休解詁之所追本。則通義之說公羊，凡同於何休解詁者，謂即出於李育所說，恐亦甚當。余讀白虎通義，取其說春秋公羊者比而錄之，得八十三條；其中與何休之解詁參證相符合者，適得四十有一條，正值此數。以爲此即李育傳所謂李育所說公羊義四十一事云。外此或出公羊嚴顏二家，或竟出賈逵長義所別舉大義以難李育者，則不可知矣。二十六年五月金德建識於蘇州。

爵

一、爵有五等，以法五行也；或三等者，法三光也。或法三光，或法五行何？質家者據天，故法三光；文家者據地，故法五行。……春秋傳曰：『天子三公稱公，王者之後稱公，其餘大國稱侯，小者伯子男也。』

按此引公羊隱五年傳文曰：『天子三公稱公，王者之後稱公，其餘大國稱侯，小國稱伯子男。』此年何休解詁中末云有『質家三等據天，法三光，文家五等據地，法五行』之義。

二、春秋傳曰：『合伯子男爲一爵。』或曰：『合從子，貴中也。』以春秋名鄭忽，忽者鄭伯也。此未踰年之君，當稱子；嫌爲改伯從子，故名之也。

按此引公羊桓十一年傳文曰『忽何以名？春秋伯子男一也，辭無所貶。』

又按陳立白虎通疏證云：『後漢儒林傳李育習公羊春秋。建初元年，衞尉馬廖舉育方正爲議郎，後拜博士。四年詔與諸儒論五經于白虎觀，育以公羊義難賈逵，往返皆有理證，最爲通儒。然則此蓋李育說也。』陳說是也。今考白虎通義之說公羊，多與何休之注相符合；而何休之學，原出李育。後漢書何休本傳云：『與其師博士羊弼，追述李育意，以難二傳。』然則通義之說公羊，其同於何休者，皆必爲李育之原義無疑矣。通義『合從子貴中也，』何休公羊解詁亦云『合三從子者，制由中也。』通義『名鄭忽者……改伯從子，故名之也。』何休公羊解詁亦云『忽稱子，則與諸侯改伯從子辭同，於成君無所貶損，故名也。』通義此條，全合何休，此通義所說公羊爲何休所本而知出於李育之證一也。

三、何以知卿爲爵也？以大夫知卿亦爵也。何以知公爲爵也？春秋傳曰：『諸侯四佾，諸公六佾。』合而言之，以是知公卿爲爵。

按此引公羊隱五年傳文曰『天子八佾，諸公六，諸侯四。』通義『知公卿爲爵』之義，傳文及解詁均未言及。

四、爵皆一字也，大夫獨兩字何？春秋傳曰：『大夫無遂事。』以爲大夫職在之適四方，受君之法，施之於民，故獨兩字言之。或曰：大夫爵之下者也，稱大夫，明從大夫以上受下施，皆大自著也。

按此引公羊僖三十年傳文曰：『大夫無遂事。此其言遂何？公不得爲政爾。』通義：『以爲大夫職在之適四方，受君之法，施之於民，故獨兩字言之。』何休公羊解詁亦云：『不從公政令也。時見使如京師，而橫生事，矯君命聘晉，故疾其驕蹇自專，當絕之。』皆謂大夫之適四方，宜受君法，不當自專。通義與何休合，此通義所說公羊爲何休所本而知出於李育之證二也。

五、三年然後受爵者，緣孝子之心未忍安吉也。故春秋『魯僖公三十三年十二月乙巳，公薨于小寢。』文公元年：『春王正月，公即位。四月丁巳，葬我君僖公。』

按左氏公羊穀梁僖三十三年傳文俱云：『十二月乙巳，公薨于小寢。』又文公元年傳文俱云：『春王正月，公即位。四月丁巳，葬我君僖公。』此年何休解詁中未言有『三年受爵孝子之心未忍安吉』之義。

六、何以知天子之子亦稱世子也？春秋曰：『公會王世子于首止。』

按左氏僖五年經，公羊穀梁僖五年傳俱云：『公會王世子于首止。（公穀『止』作『戴』）世子貴也，世子猶世世子也。』何休解詁云：『言當世父位，儲君副之，不可以諸侯會之爲文，故殊之，使若諸侯爲世子所會也。』與通義『天子之子稱世子』義符。此通義所說公羊爲何休所本而知出於李育之證三也。

七、童子當受爵命者，使大夫就其國命之，明王者不與童子爲禮也。以春秋魯成公幼少與諸侯會，不見公，經不以爲魯恥，明不與童子爲禮也。

按此引公羊成十六年傳文曰：『秋，公會晉侯、齊侯、衛侯、宋華元、邾婁人于沙隨。不見公，公至自會。不見公者何？公不見見也。公不見見，大夫執，何以致會？不恥也。曷爲不恥？公幼也。』何休解詁未言『王者不與童子爲禮』之義。

八、何以知踰年即位改元也？春秋傳曰：『以諸侯踰年即位，亦知天子踰年即位也。』……又曰『天子三年然後稱王』者，謂稱王統事，發號令也。

按此引公羊文九年傳文曰『何以知其卽位？以諸侯之踰年卽位，亦知天子之踰年卽位也。以天子三年然後稱王。』何休解詁未言『稱王統事發號令』之義。

九、春秋曰『元年春王正月，公卽位。』改元位也。王者改元，卽事天地；諸侯改元，卽事社稷。

按春秋三傳桓、文、宣、成、襄、昭、哀元年並有此文。公羊隱元年傳何休注云：『惟王者然後改元立號，春秋託新王受命於魯，故因以錄卽位，明王者當繼天奉元，養成萬物。』與通義『改元位也王者改元事天地社稷』義符。此通義所說公羊爲何休所本而知出於李育之證四也。

十、春秋傳曰『王者受命而王，必擇天下之美號以自號也。』

按此春秋傳逸文，未見於公羊傳。

十一、春秋曰『公朝于王所。』于是知晉文之霸也。

按此引公羊僖二十八年傳文曰『公朝于王所，曷爲不言公如京師，天子在是也；天子在是，則曷爲不言天子在是？不與致天子也。』通義『于是知晉文之霸也』，何休解詁亦云：『時晉文公年老，恐霸功不成，故上白天子曰：諸侯不可卒致，願王居踐土。下謂諸侯曰天子在是，不可不朝，迫使正君臣，明王法，雖非正，起時可與，故書朝，因正其義。』此通義所說公羊爲何休所本而知出於李育之證五也。

十二、宋襄伐齊，不擒二毛，不鼓不成列。春秋傳曰：『雖文王之戰，不是過。』知其霸也。

按此引公羊僖二十二年傳文曰：『宋公及楚人戰于泓，宋師敗績。……故君子大其不鼓不成列臨大事而不忘大禮，有君而無臣，以爲雖文王之戰，亦不過此也。』通義『知其霸也』云云，何休解詁無說。

十三、何以知諸侯得稱公？春秋曰：『葬齊桓公。』齊侯也。……春秋葬許繆公，許男也。

按比引春秋，見僖十八年及僖四年，三傳俱有此文。通義『諸侯得稱公』之說，何休解詁未及。

諡

十四、故春秋曰：『公之喪至自乾侯。』昭公死于晉乾侯之地，數月歸至，急當未有諡也。春秋曰：『丁巳葬，戊午日下側，乃克葬。』明祖載而有諡也。

按此引春秋，見定元年及定十五年，亦三傳俱有其文，通義所說，與三傳及何休解詁皆不應。

十五、或曰：夫人有諡？夫人一國之母，修閨門之內，則羣下亦化之，故設諡以彰其善惡。春秋傳曰：『葬宋共姬。』傳曰：『稱諡何？賢也。』傳曰：『哀姜者何？莊公夫人也。』

按此引公羊襄三十年傳文曰：『葬宋共姬，……其稱諡何？賢也。』及公羊僖二年傳文曰：『哀姜者何？莊公之夫人也。』通義『夫人一國之母，修閨門之內，則羣下亦化之，故設諡以彰其善惡』之說，公羊傳文及何休解詁均未及。

社稷

十六、王者諸侯必有誡社者何？示有存亡也。明爲善者得之，爲惡者失之。故春秋公羊傳曰：『亡國之社，奄其上，柴其下。』

按此引公羊哀四年傳文曰：『亡國之社蓋揜之，揜其上而柴其下。』通義『必有誡社，示有存亡，』何休解詁亦

云：『揜柴之者，絕不得使通天地四方，以爲有國者戒。』何休云『有國，』即通義之云『有存亡。』此通義所說公羊

爲何休所本而知出於李育之證六也。

十七、其壇大如何？春秋文義曰『天子之社稷，廣五丈，諸侯半之。』其色如何？春秋傳曰：『天子有大社焉，東方青色，南方赤色，西方白色，北方黑色，上冒以黃土，故將封東方諸侯，取青土苴以白茅，各取其面以爲封社明土，謹敬潔清也。』

按此引春秋，皆不在三傳之文。春秋文義，盧文弨疑爲亦出尚書逸篇；陳立疑本孝經說春秋傳，陳立以爲即史記三王世家所引之春秋大傳。

禮樂

十八、王者始起，何用正民以爲，且用先王之禮樂，天下太平，乃更制作焉。……春秋傳曰：『曷爲不修乎近，而修乎遠，同已也，可因先以太平也。』

按此引春秋傳，雖未見公羊傳，然公羊隱五年傳何休解詁云：『王者治定制禮功成作樂，未制作之時，取先王之禮樂，宜于今者用之。』漢書董仲舒傳亦云：『王者未作樂之時，迺用先王之樂，宜于世者而以深入教化于民。』陳立疏證亦引此，以爲通義所說皆與何休解詁義相合。此通義所說公羊爲何休所本而知出於李育之證七也。

十九、天子八佾，諸侯四佾，所以別尊卑。樂者陽也，故以陰數，法八風，六律，四時也。故春秋公羊傳曰：『天子八佾，諸公六佾，諸侯四佾。』

按此引公羊隱五年傳文曰：『天子八佾，諸公六佾，諸侯四。』何休解詁云：『八人爲列，八八六十四人，法八風。六人

爲列，六六三十六人法六律。四人爲列，四四十六人，法四時。』此與通義『法八風，六律，四時』說合。此通義所說公羊爲何休所本而知出於李育之證八也。

封公侯

二十、春秋公羊傳曰：『自陝已東，周公主之，自陝已西，召公主之。』不分南北。

按此引公羊隱五年傳文曰：『自陝而東者，周公主之，自陝而西者，召公主之。』何休解詁未有『不分南北』之義。

二十一、爲其專權擅勢，傾覆國家。……故春秋公羊傳曰：『譏世卿；世卿，非禮也。』

按此引公羊隱三年傳文曰：『譏世卿；世卿非禮也。』通義『爲其專權擅勢，傾覆國家，』何休解詁亦云：『爲其秉政久，恩德廣大，小人居之，必奪君之威權。』此通義所說公羊爲何休所本而知出於李育之證九也。

二十二、春秋之弒太子，罪與弒君同。春秋曰：『弒其君之子奚齊。』明與弒君同也。

按此引公羊僖九年傳文曰：『晉里克弒其君之子奚齊；此未踰年之君其言弒其君之子奚齊何?殺未踰年君之號也。』通義所說，但依公羊傳文所云，未立新義。

二十三、立子以貴不以長，防愛憎也。春秋傳曰：『立適以長，不以賢；立子以貴，不以長也。』

按此引公羊隱元年傳文曰：『立適以長，不以賢；立子以貴不以長。』通義『立子以貴不以長，防愛憎也，』何休解詁亦云：『質家據見立先生，文家據本意立後生，皆所以防愛爭。』此通義所說公羊爲何休所本而知出於李育之證十也。

二十四、春秋傳曰：『善善及子孫，』不言及昆弟，昆弟尊同，無相承養之義。

按此引公羊昭二十年傳文曰：『君子之善善也長，惡惡也短；惡惡止其身，善善及子孫。』通義『不言及昆弟，』何休解詁無說。

二十五、春秋傳曰：『爲人後者爲之子。』

按王仁俊白虎通義引書表以此爲引宣八年公羊傳文，今考公羊傳此年並無其文，而實見於成十五年，文同通義所引。

二十六、誅君之子不立者，義無所繼也。諸侯世位，象賢也；今親被誅絕也。春秋傳曰：『誅君之子不立。』

按此引公羊昭十一年傳文曰：『誅君之子不立，非怒也，無繼也。』通義『今親被誅絕也。』何休解詁亦曰：『公誅子當絕。』此通義所說公羊爲何休所本而知出於李育之證十一也。（沈欽民先生云：『光武建武十七年，廢郭后，立陰后。十九年廢皇太子彊，立陰后子莊（陽）爲太子。詔曰：春秋之義，立子以貴，東海王陽皇后之子，宜乘大統；皇太子彊崇執謙退，願備藩國。父子之情，重久違之，其以彊爲東海王，立陽爲皇太子。而經生以光武事爲鐵案，彊以母而廢，猶誅君之子也。故此篇以立子以貴立論，反詰立適以長，皆以公羊曲說爲光武脫罪。』）

二十七、君見弒，其子得立何？所以尊君，防篡弒也。春秋曰：『齊無知殺其君。』貴妾子公子糾當立也。

按此引公羊莊八年傳文曰：『齊無知弒其君諸兒。』又公羊莊九年傳文曰：『公伐齊納糾，糾者何？公子糾也。』

何休解詁云：『據下言（按下經：九月，齊人取子糾殺之）子糾，知非當國，本當去國，見挈言公子糾。』解詁稱子糾『知非當國，』與通義所云『公子糾當立，』義不相涉。

二十八、大夫功成未封而死，子得封者，善善及子孫也。春秋傳曰：『賢者子孫，宜有土地也。』

按此引公羊昭三十一年傳文曰：『賢者子孫，宜有地也。』何休解詁無說。

二十九、周公不之魯何爲？周公繼武王之業也。春秋傳曰：『周公曷爲不之魯，欲天下一於周也。』

按此引公羊文十三年傳文曰：『然則周公曷爲不之魯，欲天下之一乎周也。』解詁未明言『繼武王』之意。

三十、京師者，何謂也？千里之邑號也。京大也，師衆也，天子所居，故以大衆言之。明什倍諸侯，法日月之徑千里。春秋傳曰：『京師，天子之居也。』

按此引公羊桓九年傳文曰：『京師者何？天子之居也。京者何？大也。師者何？衆也。天子之居，必以衆大之辭言之。』通義『法日月之徑千里，』何休公羊解詁亦云：『地方千里，周城千雉，宮室官府制度廣大，四方各以其職來貢。』此通義所說公羊爲何休所本而知出於李育之證十二也。

三軍

三十一、大夫將兵出，不從中御者，欲盛其威，使士卒一意繫心也。故但聞軍令，不聞君命，明進退在大夫也。春秋傳曰：『此受命于君如伐齊，則還何大其不伐喪也。大夫以君命出，進退在大夫也。』

按此引公羊襄十九年傳文曰：『此受命乎君而伐齊，則何大乎其不伐喪？大夫以君命出，進退在大夫也。』何休解詁云『禮，兵不從中御外，臨事制宜，當敵爲師，唯義所在。』與通義說合。此通義所說公羊爲何休所本而知出於李育之證十二也。

三十二、王者有三年之喪，夷狄有內侵，伐之者，重天誅爲宗廟社稷也。春秋傳曰：『天王居于狄泉，』傳曰：『此未三年，其稱天王何，著有天子也。』

按此引公羊昭二十三年傳文曰：『天王居于狄泉，此未三年，其稱天王何，著有天子也。』何休解詁云：『時庶孽並篡，天王失位徙居，微弱甚，故急著正其號，明天下當救其難而事之。』與通義『夷狄內侵』之說全異。

又按通義此條，雖不合何休，未可謂出於李育。然而謂此條出於賈逵所說，則甚有證驗。穀梁成八年疏引賈逵云：『畿內稱王，諸夏稱天王。』據此知必稱『天王』者，明以諸夏與夷狄對稱，則春秋經言『天王居于狄泉，』何休謂『庶孽並篡』者非矣，而通義說『夷狄內侵，』爲合於賈逵之說，此必出於賈逵左氏大義三十事或左氏長義四十一條之中無疑。度通義所說出於賈逵者尙多，惟不可盡考耳。

誅伐

三十三、誅不避親戚，何？所以尊君卑臣，強幹弱枝，明善善惡惡之義也。春秋傳曰：『季子煞其母兄，何善爾？誅不避母兄，君臣之義也。』

按此引公羊莊三十二年傳文曰：『季子殺母兄，何善爾？誅不得辟兄，君臣之義也。』何休解詁云『以臣事君之義也，惟人君然後得申親親之恩。』亦與通義合。解詁『申親親之恩，』亦卽通義『明善善惡惡之義』，此通義所說公羊爲何休所本而知出於李育之證十四也。

三十四、諸侯有三年之喪，有罪且不誅，何？君子恕已，哀孝子之思慕，不忍加刑罰。春秋傳曰：『晉士匄帥師侵齊，至穀，聞齊侯卒，乃還。』傳曰：『大其不伐喪也。』

按此引公羊襄十九年傳文曰：『晉士匄帥師侵齊，至穀，聞齊侯卒，乃還，……大其不伐喪也。』何休解詁云：『士匄聞齊侯卒，引師而去，恩動孝子之心，服諸侯之君，是後兵寢數年。』亦與通義說合。此通義所說公羊爲何休所本而知出於李育之證十五也。

三十五、王者諸侯之子，篡弑其君而立，臣下得誅之者，廣討賊之義也。春秋傳曰：『臣弑君，臣不討賊，非臣也。』又曰：『蔡世子班弑其君，楚子誅之。』

按此引公羊隱十一年傳文曰：『子沈子曰君弑，臣不討賊，非臣也。』何休解詁云『子沈子後師明說此意者，明臣子不討賊當絕。』亦與通義『臣下得誅』合。此通義所說公羊爲何休所本而知出於李育之證十六也。至又引『蔡世子班弑其君』在襄三十年，『楚子誅之』在昭十一年。

三十六、父煞其子當誅，何？以爲天地之性，人爲貴，人皆天所生也，託父母氣而生耳。王者以養長而教之，故父不得專也。春秋傳曰：『晉侯煞世子申生，直稱君者，甚之也。』

按此引公羊僖五年傳文曰：『晉侯殺其世子申生，曷爲直稱晉侯以殺？殺世子母弟直稱君者，甚之也。』解詁說異。

三十七、子得爲父報仇者，臣子之於君父，其義一也。忠臣孝子所以不能已，以恩義不可奪也。故曰：父之仇不與共天下，兄弟之仇不與共國，朋友之仇不與同朝，族人之仇不共鄰。故春秋傳曰：『子不復仇非子。』

按此引公羊隱十一年傳文曰『不復讎，非子也。』何休解詁云：『明臣子不討賊當絕。』亦謂不僅子得為父報仇，臣子之於君父，其義一也，與通義相合。此通義所說公羊為何休所本而知出於李育之證十七也。

三十八、父母以義見殺，子不復仇者，為往來不止也。春秋傳曰：『父不受誅，子復仇可也。』

按此引公羊定四年傳文曰：『父不受誅，子復讎可也；父受誅，子復讎，推刃之道也。』何休解詁云『子復仇非，當復討其子，一往一來曰推刃。』亦與通義『子不復仇者，為往來不止也』文義相合。此通義所說公羊為何休所本而知出於李育之證十八也。

三十九、誅者何謂也？誅猶責也。誅其人，責其罪，極其過惡。春秋曰：『楚子虔誘蔡侯班，殺之于申。』傳曰：『誅君之子不立。』

按此引公羊昭十一年傳文曰：『楚子虔誘蔡侯般，殺之于申』通義立說與傳文所述及何休解詁主旨皆不相涉。

四十、討者何謂也？討猶除也。欲言臣當掃除弒君之賊也。春秋曰：『衛人殺州吁于濮。』傳曰：『其稱人何，討賊之辭也。』

按此引公羊隱四年傳文曰：『衛人殺州吁于濮，其稱人何？討賊之辭也。』何休解詁云：『討者除也，明國中人人得討之，所以廣忠孝之路。』亦與通義『討猶除也』文義相合。此通義所說公羊為何休所本而知出於李育之證十九也。

四十一、篡者何謂也？篡猶奪也，取也。欲言庶奪嫡，孽奪宗，引奪取其位。春秋傳曰：『其言入何？篡詞也。』

按此引公羊莊六年及九年傳文曰：『其言入何，簒辭也。』爾雅釋詁：『簒取也。』注：『簒者奪取也。』然徵之公羊傳文及何休解詁，均未言及此義。

四十二、襲者何謂也？行不假途，掩人不備也。春秋傳曰：『其謂之秦何？夷狄之也。曷爲夷狄之？秦伯將襲鄭。』入國掩人不備，行不假途，人銜枚，馬繮勒，晝伏夜行爲襲也。

按此引公羊僖三十三年傳文曰：『其謂之秦何？夷狄之也。曷爲夷狄之？秦伯將襲鄭。』何休解詁云：『輕行疾至，不戒以入曰襲。』又云：『行疾不假塗，變必生。』亦與通義『襲者何謂也？行不假途，掩人不備也。』文義相合。此通義所說公羊爲何休所本而知出於李育之證二十也。

四十三、諸侯家國入人家，宜告主人，所以相尊敬，防并兼也。春秋傳曰：『桓公假途于陳而伐楚。』禮曰：『使次介先假道，用束帛。』

按此引公羊僖四年傳文曰：『桓公假途于陳而伐楚。』通義『宜告主人，所以相尊敬，防并兼』之義，解詁未言及。三禮俱無諸侯出軍假道之禮。陳立疏證云：『聘禮載諸侯使大夫出聘之禮云：若過邦至于竟，使次介假道束帛將命于朝，曰：請帥奠幣。注：將猶奉也，帥猶道也，請道己道路所當由也。此或即引聘禮文假以喻行軍假道之禮也。』

諫諍

四十四、親屬諫不得放者，骨肉無相去離之義也。春秋傳曰：『司馬子反曰：君請處乎此，臣請歸。』子反者，楚公子也，時不得放。

按此引公羊宣十五年傳文曰：『司馬子反曰：然則君請處于此，臣請歸爾。』陳立疏證曰：『是子反諫莊王不聽，故卽引師而歸耳，無云去而之他也，明親屬不得放也。』然通義『親屬諫不得放』之義，傳文未明言，何休解詁亦未及。

災變

四十五、何以言災有哭也？春秋曰：『新宮火，三日哭。』傳曰：『必三日哭何？禮也。』災三日哭，所以然者，宗廟先祖所處，鬼神無形體，曰今忽得天火，得無為災所中乎，故哭也。

按此引公羊成三年傳文曰：『新宮災，三日哭，……廟災三日哭，禮也。』何休解詁云：『親之精神所依而災，孝子隱痛不忍正言也。』又云：『痛傷鬼神無所依歸，故君臣素縞哭之。』與通義『災三日哭，所以然者，宗廟先祖所處，鬼神無形體』等語，文義相合。此通義所說公羊為何休所本而知出於李育之證二十一也。

四十六、鼓用牲于社，社者衆陰之主，以朱絲縈之，鳴鼓攻之，以陽責陰也。故春秋傳曰：『日有食之，鼓用牲于社。』

按此引公羊莊二十五年傳文曰：『日有食之，鼓用牲于社。日食則曷為鼓用牲于社？求乎陰之道也。以朱絲營社，或曰脅之，或曰為闇。』何休解詁云：『或曰脅之，與責求同義。社者土地之主也，月者土地之精也。』與通義『社者衆陰之主』『以陽責陰』文義相同。此通義所說公羊為何休所本而知出於李育之證二十二也。

考黜

四十七、諸侯喑聾跛躄惡疾，不免黜者何？尊人君也。春秋曰：『甲戌己丑，陳侯鮑卒。』傳曰：『甲戌之日亡，己丑之日死而得。』

有狂易之病。蛩亡而死，由不絕也。

按此引公羊桓五年傳文曰：『甲戌，己丑，陳侯鮑卒，曷爲以二日卒之？怴也。甲戌之日亡，己丑之日死而得，君子疑焉，故以二日卒之也。』通義所說諸義，何休解詁未言及。

四十八、世子有惡疾廢者何？以其不可承先祖也。故春秋傳曰：『兄何以不立？有疾也。何疾爾？惡疾也。』

按此引公羊昭二十年傳文曰：『兄何以不立？有疾也。何疾爾？惡疾也。』何休解詁云：『惡疾謂不逮人倫之屬也。』於通義『不可承先祖』之義，未有伸說。（昭七年『葬衞襄公。』何休解詁亦云：『世子輒有惡疾，不早廢之；臨死，乃命臣下廢之。』然通義『惡疾廢者，以其不可承先祖』之義，傳文及解詁均未言及。）

王者不臣

四十九、不臣妻父母何？……春秋曰：『紀季姜歸于京師。』父母之于子，雖爲王后，尊不加於父母，知王者不臣也。

按此引桓九年公羊傳文曰：『紀季姜歸于京師。……紀父母之於子，雖爲天王后，猶曰吾季姜。』何休解詁云：『明子尊不加於父母。』此與通義『尊不加於父母』文義相合，此通義所說公羊爲何休所本而知出於李育之證二十三也。

五十、又譏宋三世內娶於國中，謂無臣也。

按此引公羊僖二十五年傳文曰：『宋三世無大夫，三世內娶也。』何休解詁云：『禮，不臣妻之父母。國內皆臣，無娶道；故絕去大夫名，正其義也。』與通義『謂無臣也』文義相合。此通義所說公羊爲何休所本而知出於李育之證二十四也。

五十一、夷狄者，與中國絕域異俗，非中和氣所生，非禮義所能化，故不臣也。春秋傳曰：『夷狄相誘，君子不疾。』

按此引公羊昭十六年傳文曰：『夷狄相侵，君子不疾。』通義所說與何休解詁不相應。

五十二、王者臣不得為諸侯臣，以其尊當與諸侯同。春秋傳曰：『寓公不世，待以初。』

按公羊傳無此文。惟桓七年傳曰：『貴者無後，待之以初。』何休解詁云：『穀鄧本與魯同貴為諸侯，今失爵亡土，來朝，義不可卑，故明當待之如初。』通義『尊當與諸侯同』即解詁『同貴為諸侯』之意；『寓公不世』即解詁『失爵亡土』。此通義所說公羊為何休所本而知出於李育之證二十五也。

五十三、不名者，貴賢者而已，共成先祖功德，德加于百姓者也。春秋單伯不言名，傳曰：『吾大夫之命于天子者也。』

按此引公羊莊元年傳文曰：『單伯者何？吾大夫之命乎天子者也。』何休解詁云：『以稱字也。禮，諸侯三年一貢士於天子，天子命與諸侯輔助為政，所以通賢共治，示不獨專。』與通義『不名者，貴賢者而已，共成先祖功德，加于百姓』文義相合。此通義所說公羊為何休所本而知出於李育之證二十六也。

五十四、盛德之士不名，尊賢也。春秋曰：『公弟叔肸。』不名盛德之士者，不可屈以爵祿也。

按此引公羊宣十七年傳文曰：『公弟叔肸卒。』何休解詁曰：『稱字者賢之。宣公篡立，叔肸不仕其朝，不食其祿，終身於貧賤。……禮，盛德之士不名，天子上大夫不名。』此與通義『盛德之士不名，尊賢也』『不可屈以爵祿』文義相合。此通義所說公羊為何休所本而知出於李育之證二十七也。

五十五、諸父諸兄不名諸父諸兄者親與己父兄有敵體之義也。……春秋傳曰『王札子何長庶之稱也。』

按此引公羊宣十五年傳文曰：『王札子者何？長庶之號也。』何休解詁云：『天子之庶兄札者，冠且字也，禮，天子庶兄冠而不名，所以尊之。』與通義說合。此通義所說公羊爲何休所本而出於李育之證。此條與五十四條同說『不名』之義。

瑞贄

五十六、故后夫人以棗栗腶脩者，凡內修陰也。又取其朝早起，栗戰自正也。腶脩者脯也。故春秋傳曰：『宗婦覿用幣，非禮也。然則曷用棗栗云乎，腶脩云乎！』

按此引公羊莊二十四年傳文曰：『大夫宗婦覿見用幣，……非禮也。然則曷用棗栗云乎，腶脩云乎！』何休解詁云：『棗栗取其早自謹敬，腶脩取其斷斷自修正。』與通義『取其朝早起，栗戰自正也』文義全合。此通義所說公羊爲何休所本而知出於李育之證二十八也。

三正

五十七、王者所以存二王之後何也？所以尊先王，通天下之三統也。……春秋傳曰：『王者存二王之後，使服其正色，行其禮樂。』

按此未引及公羊傳本文。然所引與公羊傳隱三年何休解詁則同。何休云：『二月三月皆有王者，二月殷之正月也，三月夏之正月也。王者存二王之後，使統其正朔，服其服色，行其禮樂，所以尊先聖通三統師法之義。』此通義所說公羊為何休所本而知出於李育之證二十九也。

三綱六紀

五十八、君臣者何謂也？君羣也，羣下之所歸心也。臣者繵堅也，厲志自堅固也。春秋傳曰：『君處此，臣請歸也。』

按此引公羊宣十五年傳文曰：『司馬子反曰然則君請處于此，臣請歸爾。』通義所說君臣之義解詁未言及。

姓名

五十九、王者之子稱王子。……故春秋有王子瑕。

按此引公羊襄三十年傳文曰：『王子瑕奔晉。』解詁云：『稱王子者，惡天子重失親親。』與通義所說不相應。

六十、春秋譏二名何？所以譏者，乃謂其無常者也。

按此引公羊定六年傳文曰：『此仲孫何忌也，曷為謂之仲孫忌？譏二名，二名非禮也。』何休解詁云：『為其難諱也。一字為名，令難言而易諱，所以長臣子之敬，不逼下也。』何休『難諱』與通義『無常』之說合。此通義所說公羊為何休所本而知出於李育之證三十也。

六十一、男女異長，各自有伯仲，法陰陽各自有終始也。春秋傳曰：『伯姬者何？內女稱也。』

按此引公羊隱二年傳文曰：『伯姬者何？內女也。』何休解詁云：『以無所繫也，不稱公子者，婦人外成，不得獨繫父母。』與通義『男女異長，各自有伯仲』義近。此通義所說公羊為何休所本而知出於李育之證三十一也。

六十二、婦人姓以配字，何？明不娶同姓也。故春秋曰：『伯姬歸于宋。』姬者，姓也。

按此引公羊成九年傳文曰『伯姬歸于宋。』

日月

六十三、故春秋曰：『九月，庚戌朔，日有食之。十月，庚辰朔，日有食之。』此三十日也。又曰：『七月，甲子朔，日有食之。八月，癸巳朔，日有食之。』此二十九日也。

按此引襄二十一年經文曰：『九月，庚戌朔，日有食之。十月，庚辰朔，日有食之。』又襄二十四年經文曰：『七月，甲子朔，日有食之。八月癸巳朔，日有食之。』三傳俱有此文。

四時

六十四、年者仍也。年以紀事，據月言年。春秋曰：『元年正月，十有二月朔。』有朔有晦，故據月斷爲年。

按盧文弨云：『春秋書朔者多矣，書晦唯僖十五年九月己卯晦；成十六年六月甲午晦。此引元年正月，與本意不合。』公羊傳僖十五年成十六年均云：『晦者何？冥也。』何休解詁所說與通義異。

六十五、二帝言載，三王言年，皆謂闋闟。……春秋傳曰：『三年之喪，其實二十五月。』知闋闟。

按此引公羊閔二年傳文曰：『三年之喪，實以二十五月。』解詁所說，未言及『皆謂闋闟』之義。陳立疏證云：『闋闟二字疑誤。』

嫁娶

六十六、天子諸侯一娶九女者何？重國廣繼嗣也。……春秋公羊傳曰：『諸侯娶一國，則二國往媵之。以姪娣從。謂之姪者何？

兄之子也。娣者何？女弟也。』……必一娶何？防淫泆也，爲其棄德嗜色，故一娶而已；無再娶之義也。備姪娣從者，爲其必不相嫉妬也。一人有子，三人共之，若己生之也。

按此引公羊莊十九年傳文曰：『諸侯娶一國，則二國往媵之，以姪娣從。姪者何？兄之子也；娣者何？弟也。諸侯一聘九女，諸侯不再娶。』何休解詁云：『必以姪娣從之者，欲使一人有子，二人喜也；所以防嫉妒，令重繼嗣也。因以備尊尊親親也。九者極陽數也；不再娶者，所以節人情開媵路。』此與通義『一人有子，三人共之』『不相嫉妬』『重國廣繼嗣也』『必一娶何？防淫泆也，爲其棄德嗜色』云云，文義皆相合。此通義所說公羊爲何休所本而知出於李育之證三十二也。

六十七、公羊傳曰：『叔姬歸于紀。』明待年也。

按此引公羊隱七年傳文曰：『叔姬歸于紀。』何休解詁云：『至是乃歸者，待年父母國也。』與通義合。此通義所說公羊爲何休所本而知出於李育之證三十三也。

六十八、所以不聘妾何？人有子孫，欲尊之義，不可求人爲賤也。春秋傳曰：『二國來媵。』可求人爲士，不可求人爲妾何？士卽尊之漸，賢不止於士，妾雖賢，不得爲嫡。

按此引公羊莊十九年傳文曰：『則二國往媵之。』何休解詁云：『言往媵之者，禮君不求媵，二國自往媵夫人，所以一夫人之尊。』與通義『欲尊之義不可求人爲賤。』文義相合。此通義所說公羊爲何休所本而知出於李育之證三十四也。

六十九、春秋傳曰：『紀侯來朝。』紀子以嫁女於天子，故增爵稱侯，至數十年之間，紀侯無他功，但以子爲天王后，故增爵稱后。知雖小國者必封以大國，明其尊所不臣也。王者娶及庶邦何？開天下之賢士，不遺善也。故春秋曰：『紀侯來朝。』文加爲侯，明封之也，先封之，明不與庶邦交禮也。

按此引公羊桓二年傳文曰：『紀侯來朝。』何休解詁云：『稱侯者，天子將娶於紀，與之奉宗廟，傳之無窮，重莫大焉，故封之百里。月者，明當尊而不臣，所以廣孝敬；蓋以爲天子得娶庶人女，以其得專封也。』與通義之說全合，此通義所說公羊爲何休所本而知出於李育之證三十五也。

七十、諸侯所以不得自娶國中何？諸侯不得專封，義不可臣其父母。春秋傳曰：『宋三世無大夫，惡其內娶也。』

按此引公羊僖二十五年傳文曰：『宋三世無大夫，三世內娶也。』何休解詁云：『禮不臣妻之父母。』與通義『義不可臣其父母』文義相合，此通義所說公羊爲何休所本而知出於李育之證，通義此條與前第四十九條重複。

七十一、外屬小功已上亦不得娶也，以春秋傳曰：『譏娶母黨也。』

按陳立疏證云：『所引春秋傳今三傳皆無此語，蓋公羊家嚴顏二氏。』

七十二、王者嫁女，必使同姓主之何？昏禮貴和，不可相答，爲傷君臣之義，亦欲使女不以天子尊乘諸侯也。春秋傳曰：『天子嫁女於諸侯，同姓者主之；諸侯嫁女於大夫，使大夫同姓者主之。』

按此引公羊莊元年傳文曰：『天子嫁女乎諸侯，必使諸侯同姓者主之；諸侯嫁女于大夫，必使大夫同姓者主之。』何休解詁云：『大夫與諸侯同姓者，不自爲主者，尊卑不敵，其行婚姻之禮，則傷君臣之義；行君臣之禮，則廢婚姻之好，故必使同姓有血脈之屬宜為父道，與所適敵體者主之。』與通義所說『昏禮貴和，不可相答，為傷君臣之義』文義全合。解詁續云『禮尊者嫁女于卑者，必待風旨，為卑者不敢先求；亦不可斥與之者，申陽倡陰和之道。天子嫁女於諸侯，備姪娣如諸侯之禮，義不可以天子之尊絕人繼嗣之路。』與通義所說『亦欲使女不以天子尊乘諸侯』文義全合。此通義所說公羊為何休所本而知出於李育之證三十六也。

七十三、所以必更築觀者何？尊之也。不於路寢，路寢本所以行政處，非婦人之居也。小寢則嫌，羣公子之舍則已卑矣，故必築於城郭之內。傳曰『築之禮也，於外非禮也。』

按此引公羊莊元年傳文曰『築之禮也，于外非禮也。……則曷為必為之改築？於路寢則不可，小寢則嫌，羣公子之舍則以卑矣。其道必為之改築者也。』通義所述，即據公羊傳文，未立新說。

七十四、聘嫡未往而死，媵當往否乎？人君不再娶之義也。天命不可保，故一娶九女。以春秋伯姬卒，時娣季姬更嫁鄫，春秋譏之。

按此引公羊僖九年傳文曰：『伯姬卒，此未適人，何以卒？許嫁矣。』又僖十四年傳文曰：『季姬及鄫子遇于防，使鄫子來朝。鄫子曷為使乎季姬來朝？內辭也。非使來朝，使來請己也。』何休解詁僅言季姬淫泆使來請己，與禽獸無異；而於通義所說以媵為嫡，人君無再娶之義則未及。

七十五、自立其娣者，尊大國也。春秋傳曰：『叔姬歸於紀。』叔姬者，伯姬之娣也。伯姬卒，叔姬升於嫡，經不譏也。

按此引公羊隱七年傳文曰『叔姬歸于紀。』解詁云『至是乃歸者，待年父母國也。』與通義所說不相應

七十六、女必有傅姆何？尊之也。春秋傳曰：『傅至矣，姆未至。』

按此引公羊襄三十年傳文曰『婦人夜出不見傅母，不下堂傅至矣，母未至也，逮乎火而死。』何休解詁云：『禮，后夫人必有傅母，所以輔正其行，衞其身也。』與通義所說『尊之』故有傅姆，義亦不同。

喪服

七十七、禮有取於三，故謂之三年，緣其漸三年之氣也。故春秋傳曰：『三年之喪，其實二十五月也。』

按此引公羊閔二年傳文曰：『三年之喪，實以二十五月。』何休解詁云：『所以必二十五月者，取期再期恩倍漸三年也。』與通義『緣其漸三年之氣也，』文義相合。此通義所說公羊爲何休所本而知出於李育之證三十七也。

七十八、諸侯有親喪，聞天子崩，奔喪者何？屈己親親，猶尊尊之義也。春秋傳曰：『天子記崩，不記葬者，必其時葬也。諸侯記葬，不必有時，諸侯爲有天子喪尙奔，不得必以其時葬也。』

按此引公羊隱三年傳文曰：『天子記崩不記葬，必其時也，諸侯記卒記葬，有天子存，不得必其時也。』何休解詁云：『至尊無所屈也。設有王后崩，當越紼而奔喪，不得必其時。』與通義『聞天子崩奔喪，屈己親親，』文義相合。此通義所說公羊爲何休所本而知出於李育之證三十八也。

七十九、大夫使受命而出，聞父母之喪，非君命不反者，蓋重君也。故春秋傳曰：『大夫以君命出，聞喪徐行不反。』

按此引公羊宣八年傳文曰：『大夫以君命出，聞喪徐行而不反。』何休解詁中於通義『非君命不反』之義未及。

八十、臣下有大喪，不呼其門者，使得終其孝道，成其大禮。故春秋傳曰：『古者臣有大喪，君三年不呼其門。』

按此引公羊宣元年傳文曰：『古者臣有大喪則君三年不呼其門。』何休解詁云：『重奪孝子之恩也。禮，父母之喪，三年不從政。』與通義『使得終其孝道，成其大禮』文義相合。此通義所說公羊爲何休所本而知出於李育之證三十九也。

崩薨

八十一、臣死亦赴告於君何？此君哀痛於臣子也。欲聞之加賻賵之禮。故春秋曰：『蔡侯考父卒。』傳曰：『卒赴而葬不告。』

按此引公羊隱八年傳文曰：『夏六月已亥，蔡侯考父卒。八月，葬蔡宣公。卒赴而葬不告。』通義『欲聞之加賻賵之禮』之說，何休解詁雖未及（僅隱三年解詁有云：『記諸侯卒葬者，王者亦當加之以恩禮。』）然解詁云：『緣天子閔傷，欲其知之，又臣子疾痛，不能不具以告。』則與通義『此君哀痛於臣子也』文義相合。此通義所說公羊爲何休所本而知出於李育之證四十也。

八十二、諸侯薨，赴告鄰國何？緣鄰國欲有禮也。春秋傳曰：『桓母喪，告於諸侯。』桓母賤，尚告於諸侯；諸侯薨，告鄰國明矣。

按此引公羊隱元年傳文曰：『故以桓母之喪告於諸侯。』至通義『諸侯薨，赴告鄰國何？緣鄰國欲有禮』之義則傳文及解詁俱未及。

八十三、諸侯夫人薨，告天子者，不敢自廢政事，亦欲知之，當有禮也。春秋曰：『天王使宰咺來歸惠公仲子之賵。』譏不及事按此引公羊隱元年傳文曰：『天王使宰咺來歸惠公仲子之賵。……其言來何？不及事也。』何休解詁云：『經言王者賵，赴告王者可知。』解詁所釋『赴告王者，』與通義引春秋釋爲『告天子者，亦欲告之當有禮也，』文義相合。此通義所說公羊爲何休所本而知出於李育之證四十一也。

（本文曾刊二十九年三月制言月刊第六十二期）

二十　白虎觀與議諸儒學派考

一　導言

漢代學術界上盛大之史蹟有三：一、曰宣帝時論定五經同異於石渠閣（石渠論五經事，詳漢書宣帝紀及儒林傳，時在甘露三年，參與者若蕭望之等。漢志書有議奏四十二篇，禮有議奏三十八篇，春秋有議奏三十九篇，論語有議奏十八篇，班注均謂石渠論，按即石渠議奏，今亡。其略見於通典所引）二、曰章帝時大會諸儒於白虎觀，講議五經同異。三、曰安帝時博選諸儒劉珍等及五經博士於東觀，是正五經文字（東觀校書事，詳後漢書安帝紀、鄧后紀、蔡倫傳、劉珍傳、馬融傳。時在永初四年，參與者五十餘人，著名可考者若蔡倫、馬融、劉珍、劉騊駼、許慎等，均古文家。）凡此俱經學上盛典，影響所及，關係後世甚鉅。前二次所論議者皆經說同異；而後一次所是正者爲經文同異。蓋漢代經學紛爭不決之今古文問題，若論所涵內容，不外今古文字之異與今古經說之異，僅此二端耳。荀悅申鑒時事篇云：『仲尼作經，本一而已，古今文不同，而皆自謂眞本經；古今先師，義一而已，異家別說不同，而皆自謂古今。』『古今文不同，而皆自謂眞本經』者，指文字有今文古文；『異家別說不同，而皆自謂古今』者，指經說有今說古說。後世家派岐出，始生此別，而仲尼作經，曷嘗有此今古哉！於是不得不舉此歸之於一。自石渠閣、白虎觀講議五經同異，總集今文經說，而章句之徒，不便於譁說取衆矣。自東觀校書，是正五經文字，而經文亦盡歸於古文之本矣。

二　白虎觀論議之緣起

白虎觀講經之舉，時在章帝建初四年，後漢書章帝紀曰：『建初四年十一月壬戌詔曰：「蓋三代導人，敎學為本。漢承暴秦，褒顯儒術，建立五經，為置博士。其後學者精進，雖曰承師，亦別名家。孝宣皇帝以為去聖久遠，學不厭博，故遂立大小夏侯尚書，後又立京氏易。至建武中，復置顏氏嚴氏春秋，大小戴禮博士。此皆所以扶進微學，尊廣道蓺也。中元元年，詔書五經章句煩多，議欲減省。至永平元年，長水校尉儵奏言：先帝大業，當以時施行。欲使諸儒共正經義，頗令學者得以自助。孔子曰：學之不講，是吾憂也。又曰：博學而篤志，切問而近思，仁在其中矣。於戲，其勉之哉！」於是下太常將大夫博士議郎郎官及諸生諸儒會白虎觀，講議五經同異，使五官中郎將魏應承制問，侍中淳于恭奏，帝親稱制臨決，如孝宣甘露石渠故事。』

三　與議諸儒

參與論議之人物，除章帝為親臨制決之外，據後漢書所載，有下列十四人可考：

(一)魏應　魏應字君伯，任城人也。少好學。建武初，詣博士受業，習魯詩。閉門誦習，不交僚黨，京師稱之。後歸為郡吏，舉明經，除濟陰王文學。以疾免官，敎授山澤中，徒衆常數百人。永平初，為博士，再遷侍中。十三年，遷大鴻臚。十八年，拜光祿大夫。建初四年，拜五官中郎將。詔入授千乘王伉。應經明行修，弟子自遠方至，著錄數千人。肅宗甚重之，數進見，論難於前，特受賞賜。時會京師諸儒於白虎觀，講論五經同異，使應專掌難問，侍中淳于恭奏之，帝親臨稱制，如石渠故事。明年，為上黨太守，徵拜騎都尉，卒於官。（後漢書卷一百九儒林傳）

(二)召馴　召馴字伯春，九江壽春人也。曾祖信臣，元帝時為少府。父，建武中為卷令。俶儻不拘小節。馴少習韓詩，博通書傳，以志義聞。鄉里號之曰：「德行恂恂召伯春。」累仕州郡，辟司徒府。建初元年，稍遷騎都尉，侍講，肅宗拜左中郎將，入授諸王，帝嘉其義學，恩寵甚崇。出拜陳留太守，賜刀劍財物。元和二年，入爲河南尹。章和二年，代任隗爲光祿勳，卒於官。賜冢塋陪園陵。孫休位至青州刺史。（後漢書卷一百九儒林傳）

（三）樓望　樓望字次子，陳留雍丘人也。少習嚴氏春秋，操節清白，有稱鄉閭。建武中，趙節王栩聞其高名，遣使齎玉帛請以爲師，望不受。後仕郡功曹。永平初，爲侍中越騎校尉，入講省內。十六年，遷大司農。十八年，代周澤爲太常。建初五年，坐事左轉太中大夫，後爲左中郎將。教授不倦，世稱儒宗，諸生著錄九千餘人。年八十，永元十三年，卒於官，門生會葬者數千人，儒家以爲榮。（後漢書卷一百九儒林傳）

（四）李育　李育字元春，扶風漆人也。少習公羊春秋，沈思專精，博覽書傳，知名太學，深爲同郡班固所重。固奏記薦育於驃騎將軍東平王蒼，由是京師貴戚爭往交之。州郡請召，育到，輒辭病去。常避地教授，門徒數百。頗涉獵古學，嘗讀左氏傳，雖樂文采，然謂不得聖人深意，以爲前世陳元范升之徒，更相非折，而多引圖讖，不據理體，於是作難左氏義四十一事。建初元年，衞尉馬廖舉育方正，爲議郎。後拜博士。四年，詔與諸儒論五經於白虎觀，育以公羊義難賈逵，往返皆有理證，最爲通儒。再遷尚書令。及馬氏廢，育坐爲所舉免。歸歲餘，復徵，再遷侍中，卒於官。（後漢書卷一百九儒林傳）

（五）淳于恭　淳于恭字孟孫，北海淳于人也。善說老子，淸靜不慕榮名。家有山田果樹，人或侵盜，輒助爲收採；又見偸刈禾者，恭念其愧，因伏草中，盜去乃起。里落化之。王莽末，歲饑兵起，恭兄崇將爲盜所烹，恭請代，得與俱免。後崇卒，恭養孤幼，敎誨學問，有不如法，輒反用杖自箠，以感悟之，兒慙而改過。初遭賊寇，百姓莫事農桑。恭常獨力田耕，鄉人止之曰：『時方淆亂，死生未分，何空自苦爲？』恭曰：『縱我不得，它人何傷。』墾耨不輟。後州郡連召，不應，遂幽居養志，潛於山澤，舉動周旋，必由禮度。建武中郡舉孝廉，司空辟，皆不應；客隱琅邪黔陬山，遂數十年。建初元年，肅宗下詔美恭素行，告郡，賜帛二十匹，遣詣公車，除爲議郎，引見極日，訪以政事，遷侍中騎都尉，禮待甚優，其所薦名賢，無不徵用。進對陳政，皆本道德，帝與之言，未嘗不稱善。五年病篤，使者數存問，卒於官。詔書褒歎，賜穀千斛，刻石表閭，除子孝爲太子舍人。（後漢書卷六十九本傳）

（六）張酺　張酺字孟侯，汝南細陽人，趙王張敖之後也。敖子壽，封細陽之池陽鄉，後廢，因家焉。酺少從祖父充受尚書，能傳其業；又事太常桓榮，勤力不怠，聚徒以百數。永平九年，顯宗爲四姓小侯開學於南宮，置五經師；酺以尚書教授，數講於御前，以論難當意，除爲郎，賜車馬衣裳，遂令入授皇太子。酺爲人質直，守經義，每侍講間隙，數有匡正之辭，以嚴見憚。及肅宗即位，擢酺爲侍中虎賁中郎將；數月，出爲東郡太守。（後漢書卷七十五本傳）

（七）桓郁　郁字仲恩，榮子，少以父任爲郎；敦厚篤學，傳父業，以尚書教授，門徒常數百人。榮卒，郁當襲爵，上書讓於兄子汎，顯宗不許；不得已受封，悉以租入與之。帝以郁先師子，有禮讓，甚見親厚；常居中論經書，問以政事，稍遷侍中。帝製五家要說章句，令郁校定於宣明殿，以侍中監虎賁中郎將。永平十五年，入授皇太子經，遷越騎校尉，詔勑太子諸王各奉賀致禮。郁數進忠言，多見納錄。肅宗即位，郁以母憂乞身，詔聽以侍中行服。建初二年，遷屯騎校尉。和帝即位，遷長樂少府，復入侍講。永元四年，代丁鴻爲太常，明年病卒。郁經授二帝，恩寵甚篤，賞賜前後數百千萬，顯於當世。門人楊震朱寵，皆至三公。初榮受朱普學章句四十萬言，浮辭繁長，多過其實；及榮入授顯宗，減爲二十三萬言；郁復刪省，定成十二萬言，由是有桓君大小太常章句。（後漢書卷六十七本傳）

（八）楊終　楊終字子山，蜀郡成都人也。年十三，爲郡小吏，太守奇其才，遣詣京受業，習春秋。終言：『宣帝博徵羣儒，論定五經於石渠閣；方今天下少事，學者得成其業，而章句之徒，破壞大體，宜如石渠故事，永爲後世則。』於是詔諸儒於白虎觀，論考同異焉。會終坐事繫獄，博士趙博、校書郎班固、賈逵等，以終深曉春秋學多異聞，表請之，終又上書自訟，卽日貰出，乃得與於白虎觀焉。後受詔刪太史公書爲十餘萬言，著春秋外傳十二篇，改定章句十五萬言。（後漢書卷七十八本傳）

楊終，字子山，成都人也。年十三，已能作雷賦，通屈原七諫章。後坐太守徙邊，作孤憤詩。明帝時，與班固、賈逵並爲校書郎，刪太史公書爲十餘萬言，作生民詩，又上符瑞詩十五章，制封禪書，著外傳十二卷，章句十五萬言，皆傳於世者。（華陽國志卷十上楊終傳，華陽國志此條據沈趺民先生指示補錄）

（九）劉羨　陳敬王羨，永平三年，封廣平王。建初三年，有司奏遣羨與鉅鹿王恭、樂成王黨俱就國，肅宗性篤愛，不忍與諸王乖離，遂皆留京師。明年案輿地圖，令諸國戶口皆等，租入歲各八千萬。羨博涉經書，有威嚴，與諸儒講論於白虎觀。（後漢書卷八十孝明八王列傳）

後漢書丁鴻傳章懷注曰：『廣平王羨，明帝子也。東觀記曰：與太常樓望、少府成封、屯騎校尉桓郁、衛士令賈逵等集議也。』

（十）魯恭　魯恭，字仲康，扶風平陵人也。年十五，與弟丕俱居太學，習魯詩，閉戶講誦，絕人間事，兄弟俱爲諸儒所稱，學士爭歸之。太尉趙憙慕其志，每歲時遣子問以酒糧，皆辭不受。恭憐丕小，欲先就其名，託疾不仕。郡數以禮請，謝不肯應；母強遣之，恭不得已而西，因留新豐教授。建初初，丕舉方正，恭乃始爲郡吏。太傅趙憙聞而辟之。肅宗集諸儒於白虎觀，恭特以經明得召與其議。憙復舉恭直言，待詔公車，拜中牟令。恭專以德化爲理，不任刑罰。訟人許伯等爭田，累守令不能決，恭爲平

理曲直，皆退而自責，輟耕相讓。（後漢書卷五十五本傳）

（十一）賈逵　賈逵字景伯，扶風平陵人也。九世祖誼，文帝時爲梁王太傅。曾祖父光，爲常山太守，宣帝時以吏二千石自洛陽徙焉。父徽從劉歆受左氏春秋，兼習國語、周官，又受古文尚書於塗惲，學毛詩於謝曼卿，作左氏條例二十一篇。逵悉傳父業，弱冠能誦左氏傳及五經本文，以大夏侯尚書教授；雖爲古學，兼通五家穀梁之說。尤明左氏傳國語，爲之解詁五十一篇。永平中上疏獻之，顯宗重其書，寫藏祕館。時有神雀集宮殿官府，冠羽有五采色，帝異之，乃召見逵問之，對曰：『昔武王終父之業，鸑鷟在岐，宣帝威懷戎狄，神雀乃集，此胡降之徵也。』帝勅蘭臺給筆札，使作神雀頌，拜爲郎，與班固並校祕書，應對左右。肅宗立，降意儒術，特好古文尚書、左氏傳。建初元年，詔逵入講北宮白虎觀、南宮雲臺。帝善逵說，使出左氏傳大義長於二傳者，逵於是具條奏之。書奏，帝嘉之，賜布五百匹，衣一襲，令逵自選公羊嚴顏諸生高才者二十人，教以左氏，與簡紙經傳各一通。逵數爲帝言古文尚書與經傳爾雅詁訓相應，詔令撰歐陽大小夏侯尚書古文同異，逵集爲三卷，帝善之。復令撰齊魯韓詩與毛氏異同；并作周官解故。遷逵爲衞士令。八年，乃詔諸儒各選高才生受左氏、穀梁春秋、古文尚書、毛詩，由是四經遂行於世，皆拜逵所選弟子及門生千乘王國郎，朝夕受業。（後漢書卷六十六本傳）

（十二）班固　固字孟堅……天子會諸儒講論五經，作白虎通德論，令固撰集其事。（後漢書卷七十本傳）章懷注：『章帝建初四年，詔諸生諸儒會白虎觀，講議五經同異。』

建初中，大會諸儒於白虎觀，考詳同異，連月乃罷。肅宗親臨稱制，如石渠故事，顧命史臣著爲通義。（後漢書卷一百九儒林傳）章懷注：『卽白虎通義是。』

（十三）丁鴻　丁鴻，字孝公，潁川定陵人也。從桓榮受歐陽尚書，三年而明章句。善論難，為都講，遂篤志精銳，布衣荷擔，不遠千里。永平十年，詔徵鴻至，即召見，說文侯之命篇，賜御衣及綬，稟食公車，與博士同禮；頃之，拜侍中。十三年，兼射聲校尉。建初四年，徙封魯陽鄉侯。肅宗詔鴻與廣平王羨及諸儒樓望、成封、桓郁、賈逵等，論定五經同異於北宮白虎觀，使五官中郎將魏應主承制問難，侍中淳于恭奏上，帝親稱制臨決。鴻以才高，論難最明，諸儒稱之，帝數嗟美焉。時人歎曰：『殿中無雙丁孝公。』數受賞賜，擢徙校書，遂代成封為少府；門下由是益盛，遠方至者數千人，彭城劉愷，北海巴茂，九江朱倀，皆至公卿。元和三年，徙封馬亭鄉侯。和帝即位，遷太常。永元四年，代袁安為司徒。（後漢書卷六十七本傳）

（十四）成封　肅宗詔鴻與廣平王羨及諸儒樓望、成封、桓郁、賈逵等，論定五經同異於北宮白虎觀（後漢書卷六十七丁鴻傳）章懷注：『東觀記曰：與大常樓望，少府成封，屯騎校尉桓郁，衛士令賈逵等集議也。』

四　與議諸儒傳經學派

魏應——傳云『詔博士受業習魯詩。』

按王仁俊白虎通義引書表敘云：『至若習魯詩者有魏應，然應但承制策問，不敢謂所引魯詩即應說也。』陳壽祺以為通義引詩皆屬魯詩，其魯詩遺說考敘曰：『白虎通引詩皆為魯說，以當時會議諸儒，如魯恭、魏應，皆習魯詩，而承制專掌問難，又出於魏應也。』臧琳經義雜記白虎通詩考條亦謂白虎通說詩皆魯說。按臧陳二說均未盡然。白虎觀參議諸儒中若魯恭、魏應誠習魯詩者，然如召馴即習韓詩矣。又如通義撰集出於班固，固從祖伯，少受詩師丹，故叔皮父子世傳家學。漢書地理志並據齊詩之文，則齊詩家派也。雖著藝文志時，曾言『三家咸非本義，與不得已，魯最為近。』然一己師法本在齊詩，其通義採集寧必無齊詩者。

召馴——傳云：『馴少習韓詩。』

樓望——傳云：『少習嚴氏春秋。』

按王仁俊白虎通義引書表敍云：『儒林傳樓望習嚴氏春秋，而初學記人部引江徵陳留志云：「望少受嚴氏春秋於丁子然。」按儒林傳：「丁恭字子然。」正傳嚴氏春秋者。』又按後漢書樊宏傳曰：『樊儵就侍中丁恭受公羊嚴氏春秋。』是樊儵之學與樓望同師丁恭，並傳嚴氏春秋者。樊儵者，據後漢書章帝紀所記，永平元年嘗奏議欲使諸儒共正經義，後建初四年始有白虎觀講經之舉，亦創議人物之一也。

李育——傳云：『少習公羊春秋。』

按惠棟後漢書補註云：『徐彥曰：「賈逵作長義四十一條，云公羊理短，左氏理長。」故育亦作難左氏義四十一事，以申公羊，下云以公羊難賈逵是也。』姚振宗後漢書藝文志云：『宗按先有李氏難義，而後賈氏作長義，故下云往返皆有理。』姚說是也。今李育大義，散見白虎通義中，余別有李育公羊義四十一事輯證一文論之。

淳于恭——傳云：『善說老子。』

按史稱淳于恭善說老子，然不明言治何經術。疑淳于恭或即齊威王時稷下先生淳于髡之後裔。一、史記孟荀列傳稱淳于髡齊人。漢書儒林傳淳于恭北海淳于人。漢置北海郡，今山東舊青州府東萊州府西地，即戰國齊地。是謂戰國時淳于髡卽後漢淳于恭遠祖，時間相去約四百年，而二人籍貫固尙同一地域，似無疑義。二、淳于髡所著書有王度記，禮記雜記下正義引劉向別錄云：『王度記似齊宣王時淳于髡等所說也。』王度記今亡，其佚文散見各書，以白虎通義中所引爲最多。若爵、封公侯、諫諍、致仕、考黜、瑞贄、嫁娶諸篇俱引。（此外詩干旄疏、禮記雜記注、周禮鬱人疏、曲禮疏亦引）王度記爲白虎觀諸儒重視之原由，殆因淳于恭爲淳于髡之後世，傳此書，故加推重，遂多採據乎？三、白虎觀諸儒類多今文學家，想淳于恭亦同傾向今說無疑。考王度記所述禮制，亦有合今說者。如詩干旄疏引王度記曰：『天子駕六，諸侯與卿駕四，大夫駕三，士駕二，庶人駕一。』此卽符今說五經異義引易孟京春秋公羊說亦云：『天子駕六馬。』於此可徵漢代創立經說，亦有淵源先秦舊說者。而淳于恭爲淳于髡後，尤足以促成王度記能影響今文家經說，卽此亦可見矣。四、自淳于髡至淳于恭間，相去約四百年，然先時稷下學派，若淳于髡輩論議學術之遺澤實未泯滅。固不僅淳于恭能世守其業也。尙書正義引鄭玄書贊曰：『我先師棘下生安國，亦好是學。』『棘下』之稱，據水經注淄水引鄭志曰：『張逸問贊云我先師棘下生何時人？鄭康成答曰：齊田氏時善學者所會處，齊人號之「棘下生」，無常人也。』可知『棘下生』實非人名，乃學派總稱。『棘下』之地在齊，古時學者會集處，『稷』『棘』音同，殆卽古齊地之『稷下』矣。先秦則騶衍、愼到、荀卿之徒甚衆，學派流衍，自入漢世，則稱『棘下』，孔安國、鄭康成輩尙能承其學者。稷下學派至漢猶存，然則稷下先生淳于髡之禮學，及後淳于恭猶能世守勿失，本不足怪也。

張酺——傳云：『少從祖父充受尙書，能傳其業。』

按傳又云：『事太常桓榮。』則亦習歐陽尙書，其傳經家派，與桓榮、桓郁同。

桓郁——傳云『傳父業以尚書教授。』

按桓榮初受朱普學章句四十萬言，及榮減爲桓君大太常章句二十三萬言，至桓郁復刪省定成桓君小太常章句十二萬言。均見本傳。桓氏實傳歐陽尚書於東京，傳授稱盛。後漢書儒林傳亦云：『中興沛國桓榮，習歐陽尚書，榮世習相傳授，東京最盛。』後漢書榮本傳論曰：『伏氏自東西京相襲爲名儒，以取爵位。中興而桓氏尤盛，自榮至典，世宗其道，父子兄弟代作帝師，受其業者，皆至卿相，顯乎當世。』

楊終——傳云：『習春秋。』

按楊終爲創議白虎觀講經人物之一。傳稱終習春秋，然不云專治何家。疑非傳嚴氏春秋，而亦非如李育專守公羊義者。本傳稱終嘗著春秋外傳十二篇，改定章句十五萬言。殆育亦兼傳左氏國語二書，而若賈逵之學兼治左氏國語相似。外傳者，韋昭國語解敘云：『丘明復采錄前穆王以來下訖魯悼智伯之誅，以爲國語。其文不主於經，故號曰外傳。』漢書律曆志亦稱國語爲春秋外傳。論衡案書篇亦云：『國語，左氏之外傳也。』

劉羨——傳云：『博涉經書。』

按本傳僅云『羨博涉經書，』其傳經家派何屬則不明。

魯恭——傳云：『習魯詩。』

按白虎觀諸儒中，魯恭與魏應俱習魯詩者。

賈逵——傳云：『父徽從劉歆受左氏春秋，兼習國語，受古文尚書於塗惲，學毛詩於謝曼卿。逵悉傳父業；雖爲古學，兼通五家穀梁之說。』

按賈逵學術，於諸儒爲最博，幾於五經兼通。今辨論如下：

一、後漢書賈逵傳云『光武皇帝奮獨見之明，興立左氏穀梁，會二家先師，不曉圖讖，故令中道而廢。』又云『五經家皆無以證圖讖明劉氏爲堯後者，而左氏獨有明文。五經家皆言顓頊代黃帝，而堯不得爲火德。左氏以爲少昊代黃帝，卽圖讖所謂帝宣也。如令堯不得爲火，則漢不得爲赤。其所發明，補益實多。』知賈逵說左氏，善附會圖讖，以迎合時君明甚。然後漢書張衡傳衡上疏言圖讖虛妄曾云：『往者侍中賈逵摘讖互異三十餘事，諸言讖者皆不能說。』隋志讖緯篇因謂『光武以圖讖興，遂盛行於世。唯孔安國、毛公、王璜、賈逵之徒獨非之，相承以爲妖妄，亂中庸之典。』隋志稱賈逵之徒獨非圖讖，以爲妖妄，與後漢書賈逵傳所記適相反。惠棟後漢書賈逵傳補註云：『閻若璩曰：「隋志云賈逵之徒獨非之，與范書逵能附會文致最差貴顯者不合。蓋隋志不詳考此奏（此奏者，逵奏言左氏與圖讖合，見本傳。）而誤讀張衡疏內之文，以爲逵首非讖，不知逵第摘其互異處，初無所非也。」棟按方術傳論曰：光武信讖言，鄭興、賈逵以附同稱顯，與傳無附會讖之事，而逵傳有之，閻說不誤也。』

二、賈逵傳言：『父徽受古文尚書於塗惲，逵悉傳父業。』惟逵所傳者，究屬安國古文，抑係杜林古文，似尚不無疑問。杜林於尚書，原藉西州得漆書科斗，創通古文，而自成一本，非必安國之舊。嗣後衛宏、徐巡輩相繼受學，杜氏古文遂得大行。朱彝尊經義考曰：『西漢之古文，孔安國家獻之，未立於學官者也。東漢之古文，杜林得之西州，賈逵、衛宏、馬融、鄭康成輩爲之作訓傳注解者也。』朱氏分別，甚得其實。賈逵所傳，宜此杜林尚書，而非安國本。後漢書楊倫傳云『扶風杜林傳古文尚書同郡賈逵爲之作訓，馬融作傳，鄭玄注解；由是古文尚書遂顯於世。』明言賈逵、馬融、鄭玄之尚書出於杜林，確然可據。後漢書盧植傳云：『臣少從通儒故南郡太守馬融受古學古文科斗，近於爲實，而厭抑流俗，降在小學；中興以來，通儒達士班固、賈逵、鄭興父子，並敦悅之。』盧植爲馬融弟子，所述如此，則馬、班、賈、鄭之尚書確爲漆書無疑矣。

三、傳云『兼通五家穀梁之說。』章懷注曰：『五家謂尹更始、劉向、周慶、丁姓、王彥等，皆爲穀梁，見前書也。』姚振宗後漢藝文志曰：『王彥，前書儒林傳作王亥，此五家皆宣帝大議殿中其說在石渠議奏三十九篇中。惟尹更始劉向別有書。』經典釋文敘錄有：『尹更始穀梁章句十五卷。』此西漢爲穀梁之學者，漢書藝文志有穀梁章句三十三篇，殆卽尹氏書矣。漢志又有新國語五十四篇，班注云：『劉向分國語。』劉向亦爲五家穀梁學者之一。劉向素好穀梁義，而亦兼治國語，蓋與賈逵爲學兼通穀梁國語者合。

晚近崔適作春秋復始曰穀梁亦古文學。其所據在梅福傳云：『推迹古文，以左氏、穀梁、世本、禮記相明。』又章帝紀曰：『令羣儒受學左氏、古文尚書、毛詩。』今觀賈逵傳有云：『雖爲古學，兼通五家穀梁之說。』則知推源穀梁必非古學，又彰彰甚明。余意左氏公羊二書古今之分，可無疑；而穀梁則既別出二氏而自成一家，其學已非古文亦非今文；不當過以今古之分，嚴以繩之也。

班固

按班固學術，以著述爲業，專精乃在漢史，於傳經似無聞。然撰集白虎通義出於固，則於經說有論定之功。漢書敍傳謂其祖班伯『少受詩於師丹，』則治齊詩也。固弟班超，據後漢書本傳注引東觀記謂『超持公羊春秋，多所窺覽』，可知數世經術，未嘗不洞明今文家說，故能參議白虎觀，足勝撰述之任。

考班固學術，亦須連論王充，以充曾師事班彪者。後漢書王充傳云：『王充字仲任。少孤，鄉里稱孝。後到京師，受業扶風班彪；好博覽而不守章句。家貧無書，常遊洛陽市肆，閱所賣書，一見輒能誦憶，遂博通衆流百家之言。』則其學術，必有相當淵源班彪，殆無疑也。充論學最擅批評，論議之風，本其時所尙，而充則更重自由及懷疑精神耳。好博覽不守章句，爲學殊異傳經之儒，固不得純依治經律令相繩。雖然，其議論趣向，於今文說之駁斥，實最有力。論衡所議，若五行生尅，天人感應，災異符瑞諸說，以及當時流行讖緯神仙等，何一非源於今文學之系統乎。彼悉舉而破之。知於經學，要亦有其見地。充學原受之班彪，故以論衡與白虎通二書較量，旨趣亦近。俱於今文曲說，有廓清之功。通諱旨在論定今說，不使蔓延；惟奉詔而作，勢必顧及衆議，未成一家言。充之論衡，既爲私家著述，遂出於顯然駁斥矣。

丁鴻——傳云：『從桓榮受歐陽尙書。』

按丁鴻與張酺同習歐陽尙書，俱出桓榮者。

成封

按成封但爲參與論議諸儒之一，其學術已不可考。

五　白虎觀諸儒與今文博士之異

縱觀以上諸儒，類皆通學今文經者，然與今文博士相異之點極多。此實後漢學風有異前漢之處，其時普遍皆如此。今姑舉白虎觀諸儒爲例言之：

（一）兼通各經。　劉歆移太常博士書云『當此之時（武帝時）一人不能獨盡其經，或爲雅，或爲頌，相合而成。』博士多專經，或覺相合而盡一經，罕能兼通。然白虎觀興議諸儒，已多兼各經，不若博士專守固陋。據後漢書所述，如：

召馴——『少習韓詩，博通書傳。』

李育——『少習公羊春秋，沈思專精，博覽書傳。』

楊終——『習春秋，……後受詔刪太史公書爲十三餘萬言。』

賈逵——『父徽從劉歆受左氏春秋，兼習國語、周官；又受古文尚書於塗惲，學毛詩於謝曼卿。逵悉傳父業，雖爲古學，兼通五家穀梁之說。』

（二）私家傳授。　漢書儒林傳曰：『自武帝立五經博士，開弟子員，設科射策，勸以官祿，訖於元始，百有餘年，傳業者寖盛，支葉繁滋，一經說至百餘萬言，大師衆至千餘人，蓋利祿之路使然也。』此博士弟子著錄之盛，由於利祿使然。而白虎觀諸儒則反是，皆專精篤學，不爲利祿，閉戶講誦，聚徒傳授者。據後漢書所述，如：

魏應——『閉門誦習，京師稱之。……以疾免官，教授山澤中，徒來常數百人。……建初四年，拜五官中郎將，詔入授千乘王，伉應經明行修，弟子自遠方至，著錄數千人，肅宗甚重之。』

樓望——『教授不倦，世稱儒宗，諸生著錄九千餘人。年八十，永元十三年，卒於官，門生會葬者數千人，儒家以爲榮。』

李育——『州郡請召，育到，輒辭病去，常避地教授，門徒數百。』

張酺——『勤力不怠，聚徒以百數。』

桓郁——『敦厚篤學，傳父業以尙書教授，門徒常數百人。』

魯恭——『閉戶講誦，絕人間事，兄弟俱爲諸儒所稱，學士爭歸之。』

賈逵——『令逵自選公羊嚴顏諸生高才者二十人，教以左氏。』

丁鴻——『門下由是益盛，遠方至者數千人。』

(三)篤行之士。　與讖諸儒德行亦多足稱者。據後漢書所述，如：

魏應——『閉門誦習，不交僚黨。』

召馴——『以志義聞，鄉里號之曰德行恂恂召伯春。』

樓望——『操節清白，有稱鄉閭。建武中，趙節王栩聞其高名，遣使齎玉帛，請以爲師，望不受。』

淳于恭——『清靜不慕榮名。家有山田果樹，人或侵盜，輒助爲收採；又見偸刈禾者，恭念其愧，因伏草中，盜去乃起，里落化之。王莽末歲饑兵起，恭兄崇將爲盜所烹，恭請代，得與俱免。……後州郡連召不應。遂幽居養志，潛於山澤，舉動周旋，必由禮度。建武中，郡舉孝廉，司空辟，皆不應。……卒於官，詔書褒歎，賜穀千斛，刻石表閭。』

張酺——『酺爲人質直，守經義，每侍講間隙，數有匡正之辭，以嚴見憚。』

桓郁——『敦厚篤學。……榮卒，郁當襲爵，上書讓於兄子汎，顯宗不許；不得已受封，悉以租入與之。帝以郁先師子有禮讓，甚見親厚，……郁數進忠言，多見納錄。』

魯恭——『恭專以德化爲理，不任刑罰，訟人許伯等爭田，累守令不能決，恭爲平理曲直，皆退而自責，輟耕相讓。』

（四）學風由繁趨約。　漢書藝文志云：『古之學者耕且養，三年而通一藝，存其大體，玩經文而已。是故用日少而畜德多，三十而五經立也。後世經傳既已乖離，博學者又不思多聞闕疑之義，而務碎義逃難，便辭巧說，破壞形體；說五字之文至於二三萬言。後進彌以馳逐，故幼童而守一藝，白首而後能言。安其所習，毀所不見，終以自蔽。此學者之大患也。』漢初申培訓詩，疑者弗傳；丁寬說易，僅擧大義。後此增益章句，說五字之文至於二三萬言。蔓延支離，終以自蔽，此孟堅所述西漢學者之大患也。漢志顏注引桓譚新論云：『秦近君能說堯典篇目二字之誼，至十餘萬言，但說曰若稽古三萬言。』漢書儒林傳亦云：『信都秦恭延君守小夏侯說文，恭增師法至百萬言。』甚矣，繁瑣之極，抑亦博士學官分立多歧之所致乎。逮後漢此風稍衰。曩時碎義逃難，往往爲之刪繁就簡；各家章句刪減，幾徧五經，茲擧於下。其中桓郁、楊終曾參議白虎觀，樊儵則倡議白虎觀講經者。學風由蕪趨約，而白虎通義之撰集，正亦此種精神之表現也。後漢書章帝紀云：『中元元年，詔書五經章句煩多，議欲減省。』後由是遂有白虎觀講經之擧。

尚書桓君大太常章句　尚書桓君小太常章句　後漢書桓榮傳：『榮受朱普學章句四十萬言，浮辭繁長，多過其實；及榮入授顯宗，減爲二十三萬言。郁復刪省定成十二萬言，由是有桓君大小太常章句。』

楊終刪太史公書　後漢書楊終傳：『受詔刪太史公書爲十餘萬言。』

張奐減定牟氏尚書章句　後漢書儒林傳：『牟長著尚書章句，皆本之歐陽氏；俗號爲牟氏章句。』後漢書張奐傳：『奐少遊三輔，師事太尉朱寵，學歐陽尚書。初牟氏章句浮辭繁多，有四十五萬餘言，奐減爲九萬言。』

伏黯改定齊詩章句　伏恭減定齊詩章句　後漢書儒林傳『黯明齊詩，改定章句，作解說九篇……初父黯章句繁多恭乃減省浮辭，定爲二十萬言。』

杜撫韓詩章句　後漢書儒林傳：『撫受業於薛漢，定韓詩章句。』按薛漢習韓詩，原有章句，見儒林傳。杜撫更爲重定。

杜撫詩題約義通　後漢書儒林傳：『撫所作詩題約義通，學者傳之曰杜君注云。』按書名詩題約義通，必多刪約文義可知。

孔奇春秋左氏刪　後漢書孔奮傳：『弟奇游學洛陽，博通經典，作春秋左氏刪。』注：『刪定其義也。』

鄭衆春秋刪十九篇　後漢書鄭興傳云：『子衆，……建初六年代鄧彪爲大司農，其後受詔作春秋刪十九篇。』

鍾興定嚴氏春秋章句　後漢書儒林傳：『鍾興，……詔令定春秋章句，去其復重。』

樊儵刪定嚴氏春秋章句　後漢書樊宏傳：『子儵就侍中丁恭受公羊嚴氏春秋，儵刪定公羊嚴氏春秋章句，世號樊侯學。教授門徒，前後三千餘人。』

張霸減定嚴氏春秋章句　後漢書張霸傳：『七歲通春秋，就長水校尉樊儵受嚴氏公羊春秋，遂博覽五經。初霸以樊儵刪嚴氏春秋，猶多繁辭，乃減定爲二十萬言，更名張氏學。』

馮君刪定嚴氏春秋章句　洪适隸釋云：『漢嚴訢碑云訢字少通，治嚴氏春秋馮君章句，兩漢傳春秋嚴氏學，無姓馮者，蓋史之闕文也。』朱彝尊經義考引杜佑通典四十八卷記高堂隆曾見馮君章句八萬言，以爲『馮君章句係說公羊春秋者，當即嚴訢所治之書。』洪亮吉通經表云：『後漢書馮緄傳注引謝承書，緄學公羊春秋，馮君或即是緄，未可知也。』姚振宗後漢藝文志云：『馮緄碑云：治春秋嚴氏，韓詩倉氏，禮，兼律大杜，卒於桓帝永康元年。嚴訢碑云：訢卒於桓帝和平元年。是緄與訢同時，而訢先緄卒十七年。又按嚴氏春秋章句中興之初，鍾興始奉詔刪定；樊儵又刪之；張霸又刪爲二十萬言；至馮君乃刪爲八萬言，刪之無可刪矣。』

劉表五經章句後定　後漢書劉表傳：『表……遂起立學校，博求儒術，綦毋闓、宋忠等撰立五經章句，謂之後定。』蔡中郎集劉鎭南碑『君深愍末學遠本離質，乃令諸儒改定五經章句，刪剗浮辭，芟除煩重。』

楊終春秋外傳改定章句　後漢書楊終傳：『終坐事繫獄，博士趙博、校書郎班固、賈逵等，以終深曉春秋學，多異聞，表請之，卽日貰出。後坐徙北地，貰還故郡，著春秋外傳十二篇，改定章句十五萬言。』

伏無忌古今注　後漢書伏湛傳：『永和元年，詔無忌與議郎黃景校定中書五經諸子百家藝術。元嘉中，桓帝復詔無忌與黃景、崔寔等共撰漢記。又自采集古今，刪著事要，號曰伏侯注。』

鄭玄周官禮注　玄自序云『世祖以來，通人達士大中大夫鄭少贛及子大司農仲師，故議郎衞次仲，侍中賈君景伯，南郡太守馬季長，皆作周官解詁。玄竊觀二三君子之文章，顧省竹帛之浮辭，其所變易，灼然如晦之見明；其所彌縫，奄然如合符復析，斯可謂雅達廣攬者也。』知後漢鄭興、鄭衆、衞宏、賈逵、馬融諸家之周官解詁，皆省浮辭者。

緱氏禮記要鈔　隋書經籍志『河南緱氏及杜子春受業於劉歆。』又『禮記要鈔十卷，緱氏撰。』

（本文曾刊二十八年十二月制言月刊第五十九期）二十六年五月蘇州。

二十一　白虎通義與王充論衡之關係

王充曾師事班彪，（見後漢書王充傳）而班固又爲撰集白虎通義者，學術淵源旣同；故以通義與論衡二書較量旨趣，指歸亦近。通義僅匯集經說尙鮮論斷，其或勢須討覈裁定者，乃多見於充之論衡。二書比觀，極類鄭玄之爲駁五經異義以難許愼；依類參稽，乃知論衡所駁，皆針對通義而發。然則治漢世經術者，亦於通義、論衡二書俱不可偏忽也。茲擧十目於后：

一、先質後文說。　通義三正篇云：

> 天質地文。質者據質，文者據文。……王者必一質一文何？以承天地，順陰陽。陽之道極則陰道受，陰之道極則陽道受；明二陰二陽不能相繼也。質法天，文法地而已。

此以質文擬天地，又以附會陰陽，明質文之交互遞變。然又謂王者應先質後文。三正篇云：

> 故天爲質，地受而化之，養而成之，故爲文。尙書大傳曰：『王者一質一文，據天地之道。』禮三正記曰：『質法天，文法地也。』帝王始起，先質後文者，順天下之道，本末之義，先後之序也。事莫不先有質性，乃後有文章。

通義旣以質爲天，文爲地，遂又主先質後文之說。論衡則基於世運遞變之理，雅不以重質輕文爲然。論衡齊世篇云：

> 上世之人，所懷五常也；下世之人，亦所懷五常也。俱懷五常之道，共稟一氣而生，上世何以質朴？下世何以文薄？彼見上世之民飮血茹毛，無五穀之食，後世穿地爲井，耕土種穀，飮井食粟，有水火之調；又見上古巖居穴處，衣禽獸之皮，

後世易以宮室有衣帛之飾。則謂上世質朴，下世文薄矣。……文質之法，古今所共；一質一文，一衰一盛，古而有之，非獨今也。……世人見當今之文薄也，狎侮非之，則謂上世朴質，下世文薄；猶家人子弟不謹，則謂他家子弟謹良矣。

蓋先質後文，猶重古輕今之論，達於自然進化之律也。

二、聖人天生說。

通義聖人篇云：

聖人者何？聖者通也，道也，聲也。道無所不通，明無所不照，聞聲知情，與天地合德，日月合明，四時合序，鬼神合吉凶。……聖人皆有表異，傳曰『伏羲祿衡連珠，唯大目鼻龍伏，作易八卦以應樞（此下歷敘黃帝、顓頊、帝嚳、堯、舜、禹、皐陶、湯、文王、武王、周公、孔子俱有異表，茲不悉引）』聖人所以能獨見前睹與神通精者，蓋皆天所生也。

此項神話式之獨見前睹與神通精之聖人觀念，王充所深非，論衡實知篇云：

儒者論聖人，以為前知千歲，後知萬世，有獨見之明，獨聽之聰，事來則名，不學自知，不問自曉，故稱聖，則神矣。若蓍龜之知吉凶，蓍草稱神，龜稱靈矣。……黃帝、帝嚳所謂神而生知者，豈謂生而能言其名乎！乃謂不受而能知之，未得能見之也！黃帝、帝嚳雖有神靈之驗，亦皆早成之才也。……所謂神者，不學而知；所謂聖者，須學以聖。以聖人學，知其非聖。……世間聖神，以為巫與鬼神用巫之口告人，如以聖人為若巫乎，則夫為巫者亦妖也。與妖同氣，則與聖異類矣。巫與聖異，則聖不能神矣，不能神則賢之黨也。

論衡知實篇又羅列證驗凡十有六條，以明聖人非神，不能先知，而更縱論之曰：

使聖人達視遠見，洞聽潛聞，與天地談，與鬼神言，知天上地下之事，乃可謂神而先知，與人卓異。今耳目聞見，與人無別，遭事睹物，與人無異，差賢一等爾，何以謂神而卓絕？夫聖猶賢也，人之殊者謂之聖，則聖賢差小大之稱，非絕殊之名也。

三、帝王受命說。　漢儒多樂道帝王感生、帝王受命之說。其始出諸今文，及後則鄭玄猶且不免。（商頌玄鳥鄭箋：『天使鳦下而生商者，謂鳦遺卵，有娀氏之女簡狄吞之而生契。』此鄭玄說契感應而生，違於毛傳，蓋從三家今文說也）通義亦謂帝王必稟受天命，號篇云：

> 必改號者，所以明天命已著，欲顯揚己於天下也。己復襲先王之號，與繼體守文之君無以異也。不顯不明，非天意也。故受命王者，必擇天下美號，表著己之功業，明當致施是也。

論衡初稟篇駁受命之說云：

> 文王得赤雀，武王得白魚赤烏。儒者論之，以為雀則文王受命，魚烏則武王受命；文武受命於天，天用雀與魚烏命授之也。……若此者，謂本無命於天，修己行善，善行聞天，天乃授以帝王之命也。……如實論之，非命也。命謂初所稟得而生也。人生受性則受命矣，性命俱稟，同時並得，非先稟性後乃受命也。……當漢初斬大虵之時，誰使斬者？豈有天道先至而乃敢斬之哉？勇氣奮發，性自然也。夫斬大虵，誅秦殺項，同一實也；周之文武受命伐殷，同一義也。高祖不受命使之將，獨謂文武受雀魚之命，誤矣。

論衡奇怪篇駁感生之說云：

> 儒者稱聖人之生，不因人氣，更稟精於天，禹母吞薏苡而生禹，故夏姓曰姒。卨母吞燕卵而生卨，故殷姓曰子。后稷

母履大人跡而生后稷，故周姓曰姬。……讖書又言堯母慶都野出，赤龍感己，遂生堯。高祖本紀言『劉媼嘗息大澤之陂，夢與神遇。是時雷雨晦冥，大公往視，見蛟龍於上。已而有身，遂生高祖。』其言神驗，文又明著，世儒學者莫謂不然。如實論之，虛妄言也。

四、五行說。　通義五行篇云：

五行者，何謂也？謂金木水火土也；言行者，欲言爲天行氣之義也。

通義主五行爲天行氣，論衡物勢篇駁云：

天故生萬物，當令其相親愛，不當令之相賊害也。或曰：『五行之氣，天生萬物，以萬物含五行之氣，五行之氣，更相賊害。』曰：『天自當以一行之氣生萬物，令之相親愛，不當令五行之氣反使相賊害也。』

通義五行篇又云：

五行所以更王何？以其轉相生，故有終始也。木生火，火生土，土生金，金生水，水生木。……天地之性，衆勝寡，故水勝火也；精勝堅，故火勝金；剛勝柔，故金勝木；專勝散，故木勝土；實勝虛，故土勝水也。(以下詳論五行生勝之理，文繁不錄)

通義主五行生尅，論衡物勢篇駁云：

一人之身，含五行之氣，故一人之行，有五常之操。五藏在內，五行氣俱。如論者之言，含血之蟲，懷五行之氣，輒相賊害，一人之身，胸懷五藏，自相賊也。一人之操，行義之心，自相害也。且五行之氣相賊害，含血之蟲相勝服，其驗何在？……曰：審如論者之言，含血之蟲，亦有不相勝之效。午馬也，子鼠也，酉雞也，卯兔也。水勝火，鼠何不逐馬？金勝木，雞何不啄兔。

亥豕也，未羊也，丑牛也。土勝水，牛羊何不殺豕？巳蛇也，申猴也。火勝金，蛇何不食獼猴？獼猴者，畏鼠也，齧獼猴者犬也，鼠水，獼猴金也，水不勝金，獼猴何故畏鼠也？戌土也，申猴也，土不勝金，猴何故畏犬？

五、災變譴告說。 通義災變篇云：

天所以有災變何？所以譴告人君，覺悟其行，欲令悔過修德，深思慮也。援神契曰：『行有缺點，氣逆于天，情感變出，以戒人也。』災異者何謂也？春秋潛潭巴曰：『災之言傷也，隨事而誅，異之言怪，先感動之也。』變者何謂？變者非常也。樂稽耀嘉曰：『禹將受位，天意大變，迅風靡木，雷雨晝冥。』

論衡譴告篇駁云：

論災異謂古之人君為政失道，天用災異譴告之也。……曰：此疑也。夫國之有災異也，猶家人之有變怪也。有災異謂天譴人君，有變怪天復譴告家人乎？血脈不調，人生疾病；風氣不和，歲生災異。災異謂天譴告國政，疾病天復譴告人乎？釀酒於罌，烹肉於鼎，皆欲其氣味調得也。時或鹹苦酸淡不應口者，猶人勺藥失其和也。夫政治之有災異也，猶烹釀之有惡味也。苟謂災異為天譴告，是其烹釀之誤，得見譴告也。……夫天道，自然也，無為；如譴告人，是有為，非自然也。

六、災變隨行變復說。 通義災變篇云：

堯遭洪水，湯遭大旱，亦有譴告乎？堯遭洪水，湯遭大旱，命運時然。所以或災變或異何？各隨其行，因其事也。日食者，必救之何？陰侵陽也。鼓用牲於社，社者，衆陰之主，以朱絲縈之，鳴鼓攻之，以陽責陰也。故春秋曰：『日食鼓用牲於社。』所以必用牲者，社地別神也，尊之，故不敢虛責也。日食大水則鼓用牲於社，大旱則雩祭求雨，非苟虛也，助陽責下，求陰道也。月食救之者陰失明也，故角尾交日月食救之者，謂夫人擊鏡，孺人擊杖，庶人之妻楔檑。

通義『災變隨行』論衡變動篇駁云：

論災異者已疑於天用災異譴告人矣。更說曰：災異之至，殆人君以政動天，天動氣以應之；譬之以物擊鼓，以椎扣鐘，鼓猶天，椎猶政，鐘鼓聲猶天之應也。人主爲於下，則天氣隨人而至矣。曰：此又疑也；夫天能動物，物焉能動天；何則，人物繫於天，天爲人物主也

通義『堯湯水旱命運時然』論衡明雩篇駁云：

堯湯水旱天之運氣，非政所致。夫天之運氣，時當自然，雖雩祭請求，終無補益。

通義『日食大水，則鼓用牲於社』論衡順鼓篇駁云：

春秋之義，大水鼓用牲於社。說者曰：鼓者攻之也。或曰：脅之，脅則攻矣。陽勝，攻社以救之。論春秋者曾不知難。案雨出於山，流入於川，湛水之類，山川是矣。大水之災，不攻山川，社土也，五行之性，水土不同，以水爲害而攻土，土勝水，攻社之義，毋乃如今世工匠之用椎鑿也，以椎擊鑿，令鑿穿木。今儻攻土令厭水乎？……春秋說曰：人君亢陽致旱，沈溺致水。夫如是，旱則爲沈溺之行，水則爲亢陽之操，何乃攻社？

通義『朱絲縈之，鳴鼓攻之。』論衡順鼓篇駁云：

攻社不解，朱絲縈之，亦復未曉。說者以爲：社陰，朱陽也。水陰也，以陽色縈之，助鼓爲救。夫大山失火，灌以壅水，衆知不能救之者，何也？火盛水少，熱不能勝也。今國湛水，猶大山失火也，以若繩之絲縈社爲救，若以壅水灌大山也。

通義『鳴鼓攻之，所以必用牲者，尊之，故不敢虛責也。』論衡順鼓篇駁云：

人君父事天，母事地，母之黨類爲害，可攻母以救之乎？以政令失道，陰陽繆盭者，人君也，不自攻以復之，反逆節以犯尊，天地安肯濟？使湛水害傷天，不以地害天，攻之可也。今湛水所傷物也，萬物於地，卑也，害犯至尊之體，於道違逆。

通義『大旱則雩祭。』論衡明雩篇駁云：

春秋魯大雩，旱求雨之祭也。旱久不雨，禱祭求福，此變復也。董仲舒求雨，申春秋之義，設虛立祀，諸侯雩禮，所祀未知何神。……然則大雩所祭，豈祭山乎？假令審然，而不得也。何以效之？水異川而居，相高分寸，不決不流，不鑿不合，誠令人君禱祭水旁，能令高分寸之水流而合乎？夫見在之水，相差無幾，人君請之，終不耐行；況雨無形兆，深藏高山，人君雩祭，安耐得之？夫雨水在天地之間也，猶夫涕泣在人形中也。或齎酒食，請於惠人之前，求其出泣，惠人終不爲之隕涕；夫泣不可請而出，雨安可求而得？

七、符瑞應德而至說。

通義封禪篇云：

天下太平，符瑞並臻，皆應德而至。德至天，則斗極明，日月光，甘露降。德至地，則嘉禾生，蓂莢起，秬鬯出，太平感。德至文表，則景星見，五緯順軌。德至草木，朱草生，木連理。德至鳥獸，則鳳凰翔，鸞鳥舞，麒麟臻，白虎到，狐九尾，白雉降，白鹿見，白烏下。德至山陵，則景雲出，芝實茂，陵出異舟，阜出蓮甫，山出器車，澤出神鼎。德至淵泉，則黃龍見，醴泉通，河出龍圖，洛出龜書，江出大貝，海出明珠。德至八方，則祥風至，佳氣時喜，鐘律調，音度施，四夷化，越裳貢，孝道至。

論衡講瑞、指瑞、是應、驗符諸篇，俱有駁斥符瑞之說，甚詳，茲略引數則於後。指瑞篇云：

儒者說鳳皇騏驎爲聖王來，以爲鳳皇騏驎仁聖禽也，思慮深，避害遠，中國有道則來，無道則隱，稱鳳皇騏驎之仁，知者欲以褒聖人也，非聖人之德，不能致鳳皇騏驎，此言妄也。夫鳳皇騏驎聖，聖人亦聖，聖人恓恓憂世，鳳皇騏驎亦宜率教聖人遊於世間，鳳皇騏驎亦宜與鳥獸會，何故遠去中國，處於邊外。豈聖人濁，鳳皇騏驎淸哉？……且鳥獸之知不與人通，何以能知國有道與無道也。人同性類，好惡均等，尙不相知；鳥獸與人異性，何能知之？……且鳳驎豈獨爲聖王至哉？孝宣皇帝之時，鳳皇五至，騏驎一至，神雀、黃龍、甘露、醴泉，莫不畢見，故有五鳳、神雀、甘露、黃龍之紀。使鳳驎審爲聖王見，則孝宣皇帝聖人也；如孝宣帝非聖，則鳳驎爲賢來也；爲賢來，則儒者稱鳳皇騏驎，非其實也。

是應篇云：

儒者論太平瑞應，皆言氣物卓異，朱草、醴泉、翔鳳、甘露、景星、嘉禾、萐脯、蓂莢、屈軼之屬；又言山出車，澤出舟，……風不鳴條，雨不破塊，其盛茂者，致黃龍騏驎鳳皇。夫儒者之言有溢美過實，瑞應之物，或有或無，夫言鳳皇騏驎之屬，大瑞較然，不得增飾；其小瑞徵應，恐多非是。

八、卜筮說。

通義蓍龜篇云：

天子下至士，皆有蓍龜者，重事決疑，示不自專。尙書曰：『女則有大疑，謀及卿士，謀及庶人，謀及卜筮。』……所以先謀及卿士何？先盡人事，念而不能得，思而不能知，然後問於蓍龜。聖人獨見先睹，必問蓍龜何？示不自專也。……乾草枯骨，衆多非一，獨以灼龜何？此天地之間，壽考之物，故問之也。

論衡卜筮篇駁云：

如實論之，卜筮不問天地，蓍龜未必神靈。有神靈，問天地，俗儒所言也。……夫人用神思慮，思慮不決，故問蓍龜；蓍龜兆數與意相應，則是神可謂明告之矣。時或意以爲可，兆數不吉，或兆數則吉，意以爲凶。夫思慮者，己之神也；爲兆數者，亦己之神也。一身之神，在胸中爲思慮，在胸外爲兆數；猶人入戶而坐，出戶而行也。行坐不異意，出入不易情，如神明爲兆數，不宜與思慮異。……今天地生而蓍龜死，以死問生，安能得報。枯龜之骨，死蓍之莖，問生之天地，世人謂之天地報應，誤矣。

九、性陽情陰說。

通義情性篇云：

情性者，何謂也？性者陽之施，情者陰之化也。……鉤命決曰：『情生於陰，欲以時念也；性生於陽，以理也。陽氣者仁，陰氣者貪，故情有利欲，性有仁也。』

論衡本性篇列舉世子、密子賤、漆雕開、公孫尼子、孟子、孔子、劉子政、陸賈、董仲舒、孫卿諸家論性之說不同。通義『性陽情陰』之說，論衡駁云：

董仲舒覽孫孟之書，作情性之說曰：『天之大經，一陰一陽；人之大經，一情一性。性生於陽，情生於陰。陰氣鄙，陽氣仁。曰性善者，是見其陽也；謂性惡者，是見其陰者也。』若仲舒之言，謂孟子見其陽，孫卿見其陰也。處二家各有見，可也，不處人情性，情性有善有惡，未也。夫人情性，同生於陰陽，其生於陰陽，有渥有泊。玉生於石，有純有駁。情性生陰陽，安能純善？仲舒之言，未得其實。劉子政曰：『性，生而然者也，在於身而不發；情，接於物而然也，出形於外。形外則謂之陽，不發則謂之陰。』夫子政之言，謂性在身而不發，情接於物，形出於外，故謂之陽；性不發不與物接，故謂之陰。夫如子政之言，乃謂情爲陽性爲陰也。不據本所生起，苟以形出與不發見定陰陽也。必以形出爲陽，性亦與物接，造次必於是，顚沛必於是，惻隱不忍不忍仁之氣也，卑謙辭讓性之發也，有與接會，故惻隱卑讓形出於外。謂性在內，不與物接，恐非其實。不論性之善惡，徒議外內陰陽，理難以知，且從子政之言，以性爲陰，情爲陽，夫人稟情，竟有善惡不也？

十、祭祀說。

五祀者，何謂也？謂門戶井竈中霤也。所以祭何？人之所處，出入所飲食，故爲神而祭之。何以知五祀？謂門戶井竈中霤也。……禮曰：『天子祭天地，諸侯祭山川，卿大夫祭五祀，士祭其祖。』……非所當祭而祭之，名曰淫祀，淫祀無福。（通義五祀篇云：）

論衡祀義篇駁云：

謂死人有知，鬼神飲食，猶相賓客，賓客悅喜，報主人恩矣。其修祭祀是也，信其事之非也。實者祭祀之意，主人自盡恩懃而已，鬼神未必欲享之也。……必謂天地審能飽食，則夫古之郊者，負天地。山猶人之有骨節也，水猶人之有血脈也，故人食腸滿，則骨節與血脈因以盛矣。今祭天地，則山川隨天地而飽；今別祭山川，以爲異神，是人食已更食骨節與血脈也。社稷報生穀物之功，萬民生於天地，猶毫毛生於體也。祭天地則社稷設其中矣。人君重之，故復別祭，必以爲有神，是人之膚肉當復食也。五祀初本在地，門戶用木與土，土本生於地，井竈室中霤皆屬於地，祭地，五祀設其中矣。人君重之，故復別祭，必以爲有神，是食已當復食形體也。

古籍叢考終

中華語文叢書

古籍叢考

1912

作　　者／金德建　著
主　　編／劉郁君
美術編輯／鍾　玟

出 版 者／中華書局
發 行 人／張敏君
行銷經理／王新君
地　　址／11494 台北市內湖區舊宗路二段181巷8號5樓
客服專線／02-8797-8396　　傳　真／02-8797-8909
網　　址／www.chunghwabook.com.tw
匯款帳號／兆豐國際商業銀行　東內湖分行
　　　　　067-09-036932　中華書局股份有限公司

法律顧問／安侯法律事務所
印刷公司／維中科技有限公司　海瑞印刷品有限公司
出版日期／2017年9月台二版
版本備註／據1967年4月台一版復刻重製
定　　價／NTD 250

國家圖書館出版品預行編目（CIP）資料

古籍叢考 / 高越天著. — 台二版.— 臺北市 :
中華書局, 2017.09
面 ; 公分. —（中華語文叢書）
ISBN 978-986-95252-4-4(平裝)

1.校勘學

011.8　　106013181

NO.H1008
ISBN 978-986-95252-4-4（平裝）